Artes y producción de conocimiento

*Experiencias de integración de las artes
en la universidad*

Karina Mauro
(Compiladora)

Artes y producción de conocimiento

Experiencias de integración de las artes en la universidad

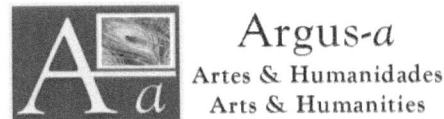

Argus-*a*
Artes & Humanidades
Arts & Humanities

Buenos Aires, Argentina - Los Ángeles, USA
2019

Artes y producción de conocimiento. *Experiencias de integración de las artes en la universidad*

ISBN 978-1-7323474-9-6

Ilustración de tapa: "Engranajes", gentileza de la artista Romina Barrionuevo. Técnica mixta, grafito, sanguina y acuarela

Diseño de tapa: Argus-*a*.

© 2019 Karina Mauro

All rights reserved. This book or any portion thereof may not be reproduced or used in any manner whatsoever without the express written permission of the publisher except for the use of brief quotations in a book review or scholarly journal.

Editorial Argus-*a*
16944 Colchester Way,
Hacienda Heights, California 91745
U.S.A.

Calle 77 No. 1976 – Dto. C
1650 San Martín – Buenos Aires
ARGENTINA
argus.a.org@gmail.com

ÍNDICE

Presentación.
Arte y Universidad: fragmentos de un diálogo
que apenas comienza
Karina Mauro   1

Construcción de la trayectoria formativa
de estudiantes de pregrado en la carrera
de teatro y sus transformaciones subjetivas.
Evaluando el papel de una comunidad
de prácticas
Marcela Inzunza Díaz   5

Arte y conocimiento. Cambios, sujeto
y entorno. La UNA, Universidad Nacional
de las Artes
Susana Martelli   25

A democracia ditatorial do Brasil
no "Escola sem Partido"
Syntia Alves y Rubens de Souza   55

Pedagogía y deseo: Praxis teatral
y creatividad en español en Estados Unidos
Gustavo Geirola   75

Investigación desde y por las artes
en el ambiente universitario peruano,
caso Junín
Jorge Luis Yangali Vargas   111

El laboratorio de puesta en escena en la formación universitaria: ¿doxa o episteme? Hacia un laboratorio de puesta en escena situado
Gunnary Prado Coronado — 131

Perspectivas e percepções: um estudo exploratório no âmbito da percepção musical
Mário Aníbal Gonçalves Rego Cardoso, Maria Beatriz Licursi Conceiçao, Levi Leonido Fernandes da Silva y Elsa Maria Gabriel Morgado — 161

Formación para la Actuación en Buenos Aires. La posición de la Universidad en un escenario complejo
Karina Mauro — 173

Sobre los autores — 187

Presentación.
Arte y Universidad: fragmentos de un diálogo que apenas comienza

Karina Mauro
(CONICET – Universidad de Buenos Aires / UNA)

Este libro reúne los trabajos presentados en el Simposio "Artes y producción de conocimiento en América", que integró el 56° Congreso Internacional de Americanistas. Bajo el lema "Universalidad y particularismo en las Américas", el evento académico que viene realizándose desde 1875 tuvo lugar, esta vez, en Salamanca, España, entre el 15 y el 20 de julio de 2018. La Universidad de Salamanca, que se encontraba festejando sus 800 años de vida, recibió a centenares de investigadores que, provenientes de todas partes del mundo, se reunieron para compartir sus reflexiones sobre numerosos temas y problemáticas abordados desde diversos enfoques disciplinares y metodológicos.

Proponer un Simposio que reflexione sobre los vínculos por demás recientes entre las artes y la universidad en un evento de estas características constituyó un desafío auténtico y, en gran medida, incierto. Partíamos de la constatación de que en los últimos años se había producido en América un creciente fenómeno de integración entre las artes y las universidades, ya sea mediante la creación de carreras artísticas de grado y/o posgrado, o de instituciones universitarias completamente dedicadas a la enseñanza de las mismas. Sin duda, considerábamos que este fenómeno había modificado sustancialmente la formación para las artes, al implantar o intensificar la dimensión teórica presente en su currícula. Pero, ¿en qué medida la introducción de las artes en las universidades había modificado también las formas tradicionales de producción del conocimiento? En el seno de una cultura eminentemente logocéntrica y racional como la occidental, y en instituciones aún dominadas por el paradigma moderno como lo son las universidades, la aparición de las artes evidenció que la producción de conocimiento es un proceso que se halla más allá de lo discursivo y de los principios metodológicos propios de las ciencias, aún de las denominadas Humanidades.

Desde estas premisas, el Simposio "Artes y producción de conocimiento en América" se propuso reflexionar sobre las modificaciones que el arte produce o puede producir en los modelos epistémicos, pedagógicos y organizacionales mediante los cuales las universidades americanas entienden la producción y la transmisión del conocimiento. Pero si bien estas reflexiones nos parecían urgentes, desconocíamos hasta qué punto las agendas de investigación de las diversas regiones del continente incluían esta problemática. La respuesta fue contundente. Recibimos numerosas propuestas por parte de investigadores procedentes de países de América y también de Europa, que desde diversas disciplinas artísticas, tales como las artes visuales, la música y el teatro, coincidieron en la necesidad de reflexionar sobre los vínculos entre formas de producción de conocimiento aparentemente antagónicas (como pueden serlo a simple vista, la académica y la artística), pero que no obstante hoy se encuentran confluyendo en un espacio común, que es la universidad.

El resultado de esta aventura fue un encuentro por demás fructífero, en el que pudimos sopesar los numerosos puntos en común y las sutiles diferencias que nos impulsan a imaginar nuestra práctica pedagógica e investigativa más allá de los propios límites. Una parte de esas reflexiones se comparten en este libro. Con el fin de conservar algo del carácter acontecimental del encuentro, hemos respetado el orden en el que tuvieron lugar las exposiciones, para que el lector pueda reconstruir cómo se fueron dando los debates a lo largo de aquella extensa y enriquecedora jornada de trabajo compartido.

De este modo, el libro se inicia con el trabajo de Marcela Inzunza Díaz, "Construcción de la trayectoria formativa de estudiantes de pregrado en la carrera de teatro y sus transformaciones subjetivas. Evaluando el papel de una comunidad de prácticas". A partir de su investigación con alumnos egresados de la Escuela de Teatro de la Universidad de Valparaíso (Chile), la autora reflexiona sobre la incidencia de la trayectoria universitaria en la identidad profesional de los actores. En este sentido, el trabajo nos impulsa a interrogarnos acerca de cuáles son las semejanzas y diferencias que esta construcción identitaria presenta respecto de actores que no han tenido formación en la universidad.

La investigación presentada en segundo término, "Arte y conocimiento. Cambios, sujeto y entorno. La UNA, Universidad Nacional de las Artes", de Susana Martelli, nos presenta una práctica pedagógica concreta realizada en el seno de dicha institución porteña y surgida de la pregunta acerca de cómo la enseñanza de las artes en la universidad puede incorporar lo subjetivo como fundamento de la creación artística, recuperando el valor cognitivo, emotivo y experiencial del arte.

En "A democracia ditatorial do Brasil no <<Escola sem Partido>>", Syntia Alves y Rubens de Souza nos introducen en la problemática de la censura y el cercenamiento, por motivos ideológicos, de los contenidos que forman parte de la enseñanza de las artes en dicho país. Los autores caracterizan este fenómeno como el resultado del reciente avance de las derechas en la región, pero asimismo, vinculan al mismo con el pasado colonial y dictatorial del continente.

A continuación, Gustavo Geirola nos ofrece, en "Pedagogía y deseo: Praxis teatral y creatividad en español en Estados Unidos", un análisis conceptual de la propuesta pedagógica que lleva adelante en el Whittier College de Los Ángeles. Se trata de propiciar que los estudiantes, e incluso los espectadores, experimenten otra forma de arte no conclusiva, en la que el psicoanálisis se vuelve la herramienta fundamental, así como el posicionamiento del docente ante las exigencias institucionales y ante las expectativas que las mismas suscitan en los alumnos.

Jorge Luis Yangali Vargas, en "Investigación desde y por las artes en el ambiente universitario peruano, caso Junín", analiza la incorporación de las escuelas e institutos de formación artística al sistema universitario del Perú. En este sentido, reflexiona sobre el devenir del arte en diferentes contextos socioculturales, económicos y geográficos, al tiempo que plantea que en estas experiencias no está resuelto aún el giro decolonial que debiera asumir la formación universitaria de y en las artes.

"El laboratorio de puesta en escena en la formación universitaria: ¿doxa o episteme? Hacia un laboratorio de puesta en escena situado", de Gunnary Prado Coronado, plantea el rol de la universidad en la renovación teatral mexicana, en tanto único lugar para la experimentación. Reflexiona, además, sobre el traslado de la episteme científica a la enseñanza y el ejercicio de las artes, contenido en la noción de "laboratorio", y se pregunta en qué medida el dispositivo "universidad" contribuye a ello.

A continuación, Mário Aníbal Gonçalves Rego Cardoso, Maria Beatriz Licursi Conceiçao, Levi Leonido Fernandes da Silva y Elsa Maria Gabriel Morgado nos ofrecen, en "Perspectivas e percepções: um estudo exploratório no âmbito da percepção musical", un estudio sobre la importancia de la percepción en el currículo universitario y en la formación de artistas. En este sentido, rastrean la existencia, en universidades portuguesas y brasileñas, de cierta tendencia a enfatizar la teoría y la práctica artística (en el caso de este estudio, el instrumento), en detrimento de la percepción, entendida como un eslabón importante del conocimiento del arte como hecho vivo.

Finalmente, en "Formación para la Actuación en Buenos Aires. La posición de la Universidad en un escenario complejo", analizamos el singular derrotero de la enseñanza de la actuación en la ciudad porteña, desde el ejercicio del oficio en compañías teatrales hasta su introducción en la universidad, con el fin de aportar herramientas conceptuales e historiográficas para la construcción de programas de formación para la actuación y para la dirección de actores que se hallen fundamentados teóricamente.

Para terminar esta presentación, agradecemos a los autores, a la Editorial Argus-*a* por su cuidada y afectuosa edición, y a la artista Romina Barrionuevo, por su generosidad y sensibilidad para iluminar la portada de este libro.

Construcción de la trayectoria formativa de estudiantes de pregrado en la carrera de teatro y sus transformaciones subjetivas. Evaluando el papel de una comunidad de prácticas

Marcela Inzunza Díaz
Universidad de Valparaíso, Chile

Resumen

En la presente investigación, desde una mirada cualitativa-interpretativa, con base en un diseño biográfico-narrativo, se aborda la comprensión de las transformaciones subjetivas de cuatro actores egresados de la Escuela de Teatro de la Universidad de Valparaíso, a través de la reconstrucción y la evaluación que los sujetos hacen de sus trayectorias formativas, hacia la conformación de su identidad profesional. El estudio, a través del abordaje analítico de los relatos de vida formativa de los sujetos, pretende ser un aporte metodológico al proponer la evaluación comprensiva de éstos a fin de iluminar fenómenos humanos como la identidad. La elaboración y el análisis de las descripciones biográficas de los hablantes permitieron caracterizar las transformaciones subjetivas en el proceso de la construcción de su identidad, al mismo tiempo que describir a la propia unidad académica.

Abstract

In the present research, from a qualitative-interpretive perspective, based on a biographical-narrative design, the understanding of the subjective transformations of four actors graduated from the Theater School of the University of Valparaíso, is addressed through the re-construction and the evaluation that the subjects make of their formative trajectories, towards the conformation of their professional identity. The study, through the analytical approach of the formative life stories from the subjects, pretend to be a methodological contribution when proposing the comprehensive evaluation of these in order to illuminate human phenomena such as identity. The elaboration and analysis of the biographical descriptions of the speakers made it possible to characterize the subjective transformations in the process of the construction of their identity, at the same time as describing their academic unit.

Introducción

¿Qué define a un actor? ¿Su práctica reflexiva? ¿Su pertenencia a una comunidad de prácticas? ¿Cómo construye su identidad profesional? El desafío de responder estas interrogantes implica necesariamente un proceso de reflexión y análisis que se sustenta en la necesidad de escuchar a los propios protagonistas de su formación.

El estudio se centra en cuatro hablantes, titulados por la Escuela de Teatro de la Universidad de Valparaíso, en Chile, quienes a través de entrevistas en profundidad reconstruyen sus relatos de vida formativa, reflexionan sobre su paso por la universidad y analizan aquellas transformaciones que vivenciaron en ese tránsito.

En relación a la problemática investigada, puede señalarse que, como toda unidad académica de nivel superior, cuenta en la actualidad con antecedentes evaluativos de indicadores que permiten caracterizarla cuantitativamente, a saber: indicadores relativos a niveles de progresión y logro académico, índices de titulación, deserción y otros similares, que a juicio de la investigadora resultan insuficientes para una descripción exhaustiva y que permita proyecciones integrales de desarrollo y mejora. En ese sentido, estas condiciones de contexto se vuelven interesantes de problematizar y emerge la oportunidad de transformarlas en objeto plausible de ser estudiado, pero desde una perspectiva evaluativa holística, comprensiva, que otorgue voz a los titulados del programa y que se instale con una mirada en el tiempo, es decir, centrada en cómo los sujetos han transitado en esta trayectoria, no como evento casual. En razón de ello surge la posibilidad de la trayectoria formativa para iluminar este proceso. En definitiva, esta decisión de acercamiento cualitativo y comprensivo pretende contribuir a describir y/o comprender fenómenos como la identidad profesional y el sentido de pertenencia a una comunidad académica.

Vinculado con las preguntas de investigación en torno al sujeto -otrora estudiante de pregrado- y la construcción de su conocimiento profesional, las transformaciones subjetivas que vivencia, la conformación de su identidad, las características de su ser profesional y la interrogante de cuánto aporta la formación universitaria a todo aquello, se consideraron conceptualizaciones de evaluación más inclusivas, más democráticas, que incorporen la perspectiva del sujeto que evalúa; en ese sentido, el reconocimiento de su derecho a participar de dicha evaluación y de ahí la importancia de escuchar a los actores y sus vivencias formativas.

Para el caso de este trabajo de investigación, el acento es doble; no sólo importa la interioridad de los hablantes, sus interpretaciones, sus connotaciones personales, sino también en lo exterior a ellos: los contextos sociales de los que han adquirido por experiencia un conocimiento práctico. (Beaud 1996, Cit. en Bertaux 21).

Investigadores de varios campos profesionales son cada vez más conscientes de la importancia de los modelos interpretativos que consideran como eje central la situación humana y se basan en la idea de que podemos entender mejor a los seres humanos a partir de la realidad experiencial de sus mundos vitales. (Van Manen).

El presente estudio es un trabajo de investigación cualitativa, que incorpora elementos propios de este paradigma. Es fenomenológico porque aborda parte de la vida formativa de los sujetos -objeto de estudio- desde su particular punto de vista y se acerca a conocer, a interpretar el sistema de significados, que eventualmente comparten -o no- con su comunidad educativa. Es biográfico-narrativo porque a través de la narración de los relatos de vida de los hablantes se adentra en sus biografías y significados. Es etnometodológico al indagar en los procedimientos cotidianos regulares de los sujetos como integrantes de un sistema que comparte "un modo de hacer las cosas" y, finalmente, apunta a través de un enfoque de teoría fundamentada a levantar un modelo explicativo y teórico -integrado- de los fenómenos sociales con los que se va encontrando, a partir del material narrativo que ofrecen los hablantes. Todo lo anterior, entendiendo la investigación cualitativa al modo en que lo hacen Denzin y Lincoln, es decir "multimetódica, naturalista e interpretativa". Los autores conciben estas múltiples metodologías de la investigación cualitativa como un montaje o bricolaje simultáneo de la información.

Ahora bien, en relación a la narrativa, no sólo sirve para relatar una experiencia, sino que también para construir, evaluar, reflexionar, comprender y reinterpretar significado sobre el proceso vital/existencial (Bruner, 1997; Santamaría y Martínez, 2005, citados en Rebollo y Hornillo). Y ha sido este método el escogido para lograr un acercamiento evaluativo a la formación que obtuvieron los informantes de este estudio.

En este sentido, el objetivo general de la investigación fue evaluar las transformaciones subjetivas vivenciadas hacia la conformación de la identidad profesional en la trayectoria formativa de los titulados de la Escuela de Teatro de la Universidad de Valparaíso. De este modo nos planteamos los siguientes objetivos específicos:

- Elaborar descripciones biográficas de su paso por la carrera, para relevar sus trayectorias de vida formativa.

- Comparar sus trayectorias de vida formativa para establecer aspectos comunes, y

- Caracterizar las transformaciones que se producen en la construcción de su identidad profesional.

Entendemos "identidad" como una manifestación relacional: identidad y alteridad tienen una parte común y están en relación dialéctica, como nos señalan Cuche (1999), Taylor (1993), Hall, Bauman, Goffman (2001), Ortiz (1996) y Arfuch. Además, cabe destacar su carácter procesual, construido y nunca acabado (Hall). Así como entidad personal, pero considerando que se constituye a partir de las relaciones dinámicas que los individuos mantienen entre sí. Es en la articulación de estos dos planos; lo biográfico y lo social, mutuamente constitutivos, como lo plantea Hall, donde reside el núcleo del concepto de identidad, como punto de intersección entre ellos. Y esta articulación se realiza en el discurso: las identidades sociales, efectivamente, se procesan en un plano simbólico y representacional (Battistini 7).

Wenger nos aporta que "construir identidad consiste en negociar los significados de nuestra experiencia de afiliación a comunidades sociales" y que existiría una profunda conexión entre identidad y práctica; "desarrollar una práctica exige la formación de una comunidad cuyos miembros puedan comprometerse mutuamente y, con ello, reconocerse mutuamente como participantes" (182), nos señala.

> El aprendizaje es un fenómeno social. Nadie aprende una nueva práctica solo; la gente aprende simplemente haciendo, pero siempre guiada por al menos una persona con más experiencia en dicha práctica. En particular, cuando se quieren aprender prácticas profesionales, nadie aprende fuera de su comunidad de profesionales, de gente del oficio. (Vásquez 7).

Sandra Sanz enfatiza en las interacciones humanas, agregando que "la comunidad es un grupo de personas que interactúan, aprenden juntos, construyen relaciones y durante el proceso desarrollan el sentido de pertenencia y compromiso". En este proceso, además, "construyen relaciones basadas en el respeto y la confianza. Y alimentan el sentido de su historia común y su propia identidad" (41).

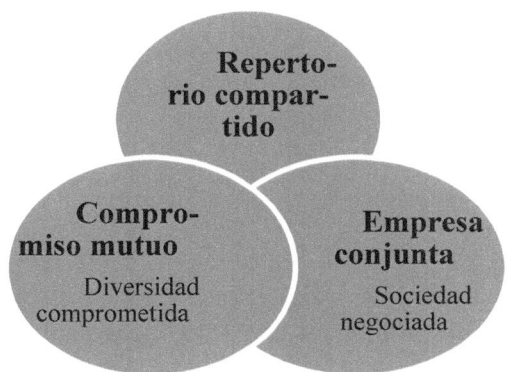

Dimensiones de la práctica como propiedad de una comunidad (Wenger)

Dado que el aprendizaje es un fenómeno social, el saber profesional que se construye en una comunidad como la Escuela de Teatro, corresponde a lo que Schön denomina saber práctico, que a su vez se caracteriza por poner en ejercicio un modelo reflexivo para evaluar dichos saberes. Y es desde este modelo que el autor plantea tres dimensiones a considerar -a través del pensamiento crítico-: Conocimiento en la acción, Reflexión en y durante la acción (que implica una relación directa entre práctica e investigación) y Reflexión sobre la acción y sobre la reflexión en la acción. El autor reconoce que subyace aquí una concepción constructivista de la realidad, porque los profesionales competentes construyen la situación de su práctica: "nuestras percepciones, apreciaciones y creencias tienen sus raíces en los mundos que nosotros mismos configuramos y que terminamos por aceptar como realidad" (271).

Ahora bien, si la idea es evaluar aquel saber práctico u otra dimensión que nos interese revisar, refirámonos a Stake y su definición de la labor de un evaluador o evaluadora. Él apunta a que aquel rol no es el de categorizar cosas, sino el de hallar el valor de aquella cosa especial que se tiene ante sí. El rasgo esencial de este enfoque es la comprensividad (receptividad o sensibilidad) de cuestiones o problemas clave, especialmente los experimentados por las personas del propio lugar o localización del

Artes y producción de conocimiento

programa; es decir menos motivación hacia la clasificación y más hacia la comprensión experiencial, la vivencia.

En la medida que el estudio se instala en una institución pública universitaria, cabe describir sucintamente a la unidad académica. La Escuela de Teatro nace en 1968, como parte de la Sede Valparaíso de la Universidad de Chile, dependiente del Departamento de Teatro. Esta iniciativa se lleva a cabo luego de que, desde la década de los 40, ciertas carreras como Derecho, intentaran realizar teatro universitario dentro de la institución. En 1974, durante el régimen militar, se cerraron las matrículas para nuevos estudiantes y sólo quienes ya estaban en ella, prosiguieron para finalizar su carrera.

La Escuela de Teatro se reabre el año 2005, en tanto que por más de treinta años permaneció cerrada, como una de muchas medidas arbitrarias tomadas en dictadura. Imparte la carrera de Licenciatura en Teatro con una de cuatro Menciones, a saber: Didáctica Teatral, Dirección Teatral, Dramaturgia o Producción. El programa académico tiene una duración de nueve semestres, combinando en su plan de estudios asignaturas de taller (prácticas), teóricas y teórico-prácticas, de modo que durante todo el proceso formativo, las asignaturas teóricas y los talleres están estrechamente ligados, proporcionando al estudiante una visión integral de su quehacer.

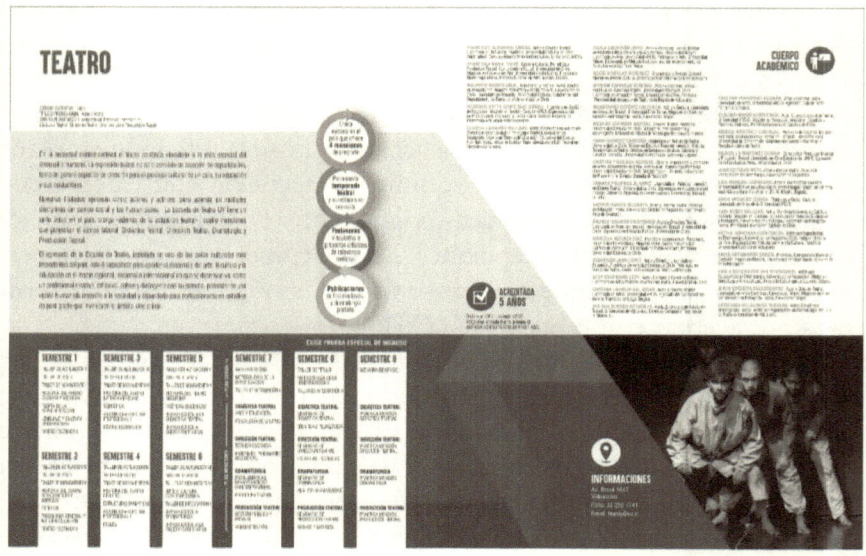

Malla curricular Carrera de Teatro U.V.

Pueden destacarse como ejes formativos los siguientes:

❖ Se recalcan los contextos. La carrera se caracteriza por centrar la docencia muy vinculada con la realidad nacional y regional, apuntando a que a través del rol social del teatro, se contribuya al análisis y reflexión, con una mirada crítica de la sociedad.

❖ A través de la práctica, se da sentido a lo creado. La creación y el rol del artista no son neutrales; detrás de toda pieza teatral hay una ideología que la sostiene.

❖ Se experimenta e investiga permanentemente. La práctica escénica, independiente del ámbito de desarrollo, tiene siempre a la base procesos de indagación.

❖ Se aprende haciendo. Desde el inicio, el avance curricular impone a los estudiantes la obligatoriedad de exhibir permanentemente sus ejercicios y muestras, por tanto de aplicar los conocimientos.

❖ Se valora la retroalimentación. En ese sentido, los comentarios que entregan docentes y pares, cumplen un rol importante en la mejora constante de los resultados académicos.

Marco metodológico

El acercamiento epistemológico al objeto de estudio se hace desde una perspectiva interpretativa/hermenéutica, en la que el significado de los actores se convierte en el foco central de la investigación. La base de esta perspectiva está situada en la sociología fenomenológica de Schutz:

> El mundo intersubjetivo no es un mundo privado, es común a todos. Existe porque vivimos en él como hombres entre hombres, con quienes nos vinculan influencias y labores comunes, comprendiendo a los demás y siendo comprendidos por ellos [...] La intersubjetividad existe en el presente vivido en el que nos hablamos y nos escuchamos unos a otros. (Schutz 10)

Artes y producción de conocimiento

Bolívar (2001) entiende los fenómenos sociales como "textos", cuyo valor y significado, primariamente vienen dados por la autointerpretación de los sujetos que relatan en primera persona, donde la dimensión temporal y biográfica ocupa una posición central.

Se intenta conocer los hechos humanos, para el caso las trayectorias formativas, a través de las particulares experiencias de los hablantes, tal y como han sido vivenciadas; por tanto desde su singularidad e inductivamente. Y es desde esta misma singularidad que se intenta describir la identidad que los sujetos construyen en la comunidad de la que son parte. El método de comprensión del objeto de conocimiento, es por tanto, etnometodológico.

La presente investigación cualitativa pretende como objetivo, ya lo hemos visto, comprender las interrelaciones que se dan en la realidad del fenómeno, que es la formación del sello identitario de los estudiantes de teatro. El papel personal que he adoptado como investigadora -observadora-participante-, siendo parte del escenario estudiado, es el de interpretar los sucesos y acontecimientos en todo momento y desde el inicio del estudio.

Se pretende ayudar a comprender más profundamente el fenómeno que interesa, a partir de la mirada de la evaluación comprensiva y experiencial que plantea Stake, cuando afirma que el investigador construye conocimiento, holística, empírica, interpretativa y empáticamente (47).

Se reitera que entendemos la identidad como un aspecto esencial de una teoría social del aprendizaje; es decir, inseparable de cuestiones relacionadas con la práctica, la comunidad y el significado. En otras palabras involucra un conjunto de valores, creencias, lenguaje y formas de aprehender el mundo, que les son propias a los miembros de una comunidad.

Método Biográfico - Narrativo

Como mencionan en sus trabajos Bolívar, Domingo y Fernández (10) el método tiene identidad propia, ya que más allá de ser una metodología de recolección y análisis de datos, se ha ido legitimando como una forma de construir conocimiento en la investigación educativa y social. De este modo, se la considera como un lugar de encuentro de diversas áreas disciplinares que ponen en relación saberes muy diversos como: la lingüística, la historia oral, la historia de vida, la antropología y la psicología, entre otros.

Otorga así, una perspectiva de análisis única, ya que el propio relato de la vida debe verse como el resultado acumulado de las múltiples redes de relaciones en las que, cotidianamente, los grupos humanos entran, salen y se vinculan por diversas necesidades.

En cuanto a la decisión metodológica, se ha considerado pertinente a los fines investigativos usar la "narrativa biográfica" como método de acceso al objeto de estudio. La estrategia en el presente estudio fue un abordaje analítico a nivel de los relatos de vida de cuatro informantes clave, utilizando la técnica de entrevistas en profundidad, la elaboración de sus respectivos biogramas y, a partir de definir categorías o meta-categorías de interpretación por cada conjunto de entrevistas, aventurar una descripción transversal al modo de "historia de vida".

Como sabemos, la entrevista de "relato de vida" o autobiográfica es un instrumento esencial de la investigación narrativa de las vidas. Nos centraremos más operativamente, en las formas de la entrevista biográfica como instrumento de investigación.

El entrevistado o narrador, inducido o guiado por quien le entrevista, cuenta lo que ha sido su trayectoria formativa en sus dimensiones más relevantes, deteniéndose en algunos momentos o temáticas específicas. Como tal supone un proceso reflexivo de autodescubrimiento del significado que han tenido los acontecimientos y experiencias que han marcado su vida. La propia identidad personal se configura en dicho proceso de interpretación constructiva del sentido de la vida (dar significado, identificar influencias, interpretar las experiencias). Importa aquí, sin lugar a dudas, lo relevante que resulta el contexto del significado interpretativo.

La secuencia de pasos metodológicos dados fue la siguiente:

1. Elaboración de protocolo de entrevistas
2. Definición de criterios de selección de la muestra
3. Validación del protocolo por juicio de cinco expertos (dos académicos investigadores del área de Educación, dos académicos expertos en Metodología de la Investigación y un profesional del ámbito teatral no vinculado al estudio), a quienes se pidió evaluar:
- Coherencia investigativa
- Objetivos de la investigación
- Diseño metodológico, entre otros aspectos formales
4. Selección de la muestra. Muestra-tipo que utilizó determinados criterios, en el sentido de "muestreo teórico" (Glaser y Strauss, 1967)

5. Corrección del instrumento
6. Consentimiento informado
7. Entrevistas en profundidad
8. Proceso analítico
9. Conclusiones

Siguiendo a Flick, se orientó la selección "desde dentro; partiendo de los casos particularmente característicos o desarrollados"; [es decir] "casos concretos en su particularidad temporal y local, tomando las expresiones y actividades que realizan las personas en sus contextos locales" (81-82).

Según Ricoeur (Cit. en Cornejo 104) hay una "doble interpretación" al utilizar el "relato de vida" (en adelante RdeV) en investigación. Al trabajar analíticamente sobre el relato de una persona sobre sí mismo o sobre un aspecto de su vida, situamos un segundo nivel de interpretación: interpretamos una producción del narrador, que a su vez, es una interpretación que hace de su propia vida. Esta doble interpretación permite incorporar una distinción conceptual entre "relato" e "historia de vida".

Al decir de Bertaux, en la producción de un RdeV, el narrador no es el único que habla, piensa y se transforma. Si asumimos que el narratario también está en juego al momento de recoger o analizar el relato, investigar -desde este enfoque- implica conocer, al precio de ser conocidos. Se establece una relación sujeto - sujeto que representa la dimensión epistemológica del enfoque biográfico. Relación de colaboración, confianza, "complicidad" (Correa 37-40).

En cuanto a los criterios de selección de los hablantes, se consideró relevante contemplar los siguientes:

1. Género
2. Año de Titulación
3. Vínculo con la unidad académica
4. Otros estudios
5. Experiencia laboral

Género	Año Titulación	Vínculo con UA*	Otros estudios	Experiencia laboral
MUJER	PRIMERA GENERACIÓN TITULADOS (2009)	CON INCIPIENTE CARRERA ACADÉMICA (vinculación laboral con la carrera)	SIN ESTUDIOS DE POSTGRADO	BUENA INSERCIÓN LABORAL
HOMBRE	TITULADOS ÚLTIMOS TRES AÑOS	SIN VINCULACIÓN LABORAL CON LA CARRERA	CON ESTUDIOS DE POSTGRADO	INSERCIÓN LABORAL INESTABLE

* Unidad Académica

Criterios de selección de la muestra (elaboración propia)

En las entrevistas que se sostuvieron con los hablantes se abordaron las siguientes temáticas:

- Inserción en la Escuela y primer año de permanencia
- Aspectos del proceso formativo (2° a 4° año):
- Evaluación de las trayectorias de los aprendizajes
- Saberes, Aprendizajes, Prácticas, Conocimiento
- Balance biográfico-formativo del informante (contrastación de información) en torno a hitos.
- Profundización/confirmación de aspectos a discreción de la investigadora.

Resultados de la investigación

Cada entrevista de los cuatro informantes se redujo a categorías en formato biograma, a partir de los cuales se identificaron categorías clave para interpretar cada uno de los segmentos temporales de la vida de los sujetos. Esta reducción inicial de los datos implicó definir:

- ✓ Unidad de significado (relato)
- ✓ Códigos o etiquetas (a partir de los sucesos, hechos, personajes, etc.)
- ✓ Categorías (equivalente a los incidentes críticos), y eventualmente,
- ✓ Meta-categorías, como elementos que aglutinan categorías; en este caso "puntos de inflexión".

Cronología	Acontecimiento	Valoración	Categoría/Análisis
Enseñanza Básica	Talleres de teatro desde 3° año básico	Obra importante en 7° año básico	Revelación para sí y su familia
PSU (Prueba de Selección Universitaria)	Buenos resultados	Decisión de estudiar teatro, aunque podría haber elegido otra carrera	Ratifica su deseo

Ejemplo de biograma (elaboración propia)

Cada biograma fue construido en base a los siguientes aspectos, que se consideró pertinente incluir:

- Cronología
- Acontecimiento
- Valoración
- Categoría de análisis o Incidente Crítico

A partir de la revisión detallada de los biogramas, se obtuvo un análisis vertical de resultados (relato de vida) por informante, que permitió establecer una caracterización para cada relato, a través de la metodología analítica "categoría v/s contenido", donde la categoría apunta al análisis de los incidentes críticos y puntos de inflexión, y el contenido está dado en las diversas etapas temporales que se indagaron por sujeto (vertical) y para el conjunto de relatos horizontal (historia de vida).

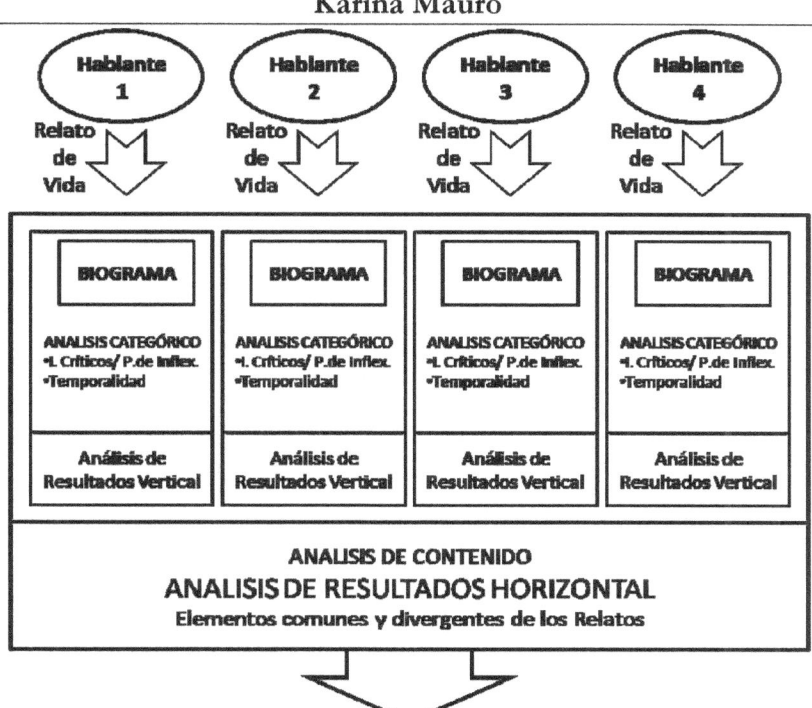

Esquema del diseño metodológico del estudio (elaboración propia)

Síntesis evaluativa del análisis vertical:

➢ Se logra describir a la unidad académica a través de los relatos de vida de los sujetos.

➢ Se elaboraron descripciones biográficas de las trayectorias de los hablantes en su paso por la escuela.

➢ Es posible identificar una identidad profesional en los estudiantes de teatro, en la medida que los sujetos han ido construyendo determinados significados que acompañan estas trayectorias, que las caracterizan y les otorgan sentido. Entre otros:

- La precariedad en el funcionamiento de los primeros años hoy favorece un estilo de trabajo que asume riesgos.

Artes y producción de conocimiento

- Valoran aprender del error y perder el miedo al fracaso. Estudiar teatro fortalece al sujeto; "aprendes de lo bueno y de lo malo".
- En teatro no se puede trabajar solo; la comunidad es importante para alcanzar logros:

> Aprendimos que la colectividad en el teatro es súper importante y no puedes vivir en el fondo solo, tienes que pensar en comunidad, tienes que pensar en grupo, no puedes tirar tú el barco solo [...] en el fondo te das cuenta que es difícil la carrera que decidiste, porque si no están todos remando para el mismo lado, esto no resulta finalmente (Ofelia, comunicación personal, 2 de octubre de 2015).

- La propuesta curricular de las Menciones es bien valorada por los hablantes.
- El actor tiene la necesidad permanente de plantearse nuevos objetivos, liberarse de los prejuicios y cambiar contextos: "me inclino a pensar el teatro como herramienta de construcción de comunidad o de subjetividades también, por eso estudié el magíster en gestión cultural" (Desdémona, comunicación personal, 14 de marzo de 2016).
- Le otorgan importancia a hacer cosas con sentido y generar sinergias. Si estas no existieran, simplemente no habría teatro.
- Es necesaria mayor disposición y menos soberbia; confiar demasiado en lo que se hace, aumenta la probabilidad de equivocarse.
- Ahora, después de diez años se puede hablar de comunidad; se necesita cierta distancia histórica para verlo:

> Este ejercicio (de reconstruir mi historia), creo que igual en esta etapa he estado repensando la historia de mi carrera, quizás porque fue hace diez años, también influye que ahora esté haciéndoles clase a 1° año [...] hay una cosa interesante en el ejercicio [...] que es plantearse de un modo más ordenado los procesos de uno, pensarlos con mayor detención y con más perspectiva... (Hamlet, comunicación personal, 2 de abril de 2016).

Hallazgos del análisis transversal:

- Valoración del Plan de Menciones que ofrece la malla curricular de la unidad académica.
- Las experiencias del primer año de los cuatro hablantes resultaron ser muy diversas, destacan las marcadas por desilusión, frustración, interés por nuevos panoramas de acción y motivación.
- Insuficientes condiciones de partida de la unidad académica, en cuanto a infraestructura e inestabilidad del cuerpo docente.
- Momento crítico vocacional se vive entre el 2° y 3° año de la carrera.
- Influencia del movimiento estudiantil como un proceso particular de aprendizaje.
- Montaje de Egreso (8° semestre) como hito formativo relevante.
- Constitución de lo profesional y momento de madurez personal de los últimos semestres.
- Formación teatral como una integralidad, que implica una variedad de conocimientos:

> Mi paso por la carrera me cambió completamente... cuando pienso en teatro pienso en que me gusta compartir ese proceso pedagógico con otra gente [...] No es un proceso instrumentalizador, te modifica para lo que tú quieras, te entrega herramientas y tú haz lo que quieras con eso (Desdémona, comunicación personal, 14 de marzo de 2016).

Le dan gran importancia al trabajo colaborativo, al compromiso y la disciplina, a la confianza, la empatía y concuerdan que el resultado exitoso del trabajo requiere de disposiciones, de la búsqueda constante de nuevos objetivos, de aprender de los errores y el fracaso, todo esto en un marco de permanente retroalimentación y crítica constructiva.

Conclusiones

Con la investigación se ha intentado contribuir desde dos flancos: uno relativo al aporte metodológico que pone en valor el uso de un método poco tradicional de evaluación y el otro, vinculado con el objeto de estudio en sí mismo.

La evaluación comprensiva lograda, a través del análisis de la trayectoria de vida como objeto evaluativo, releva el uso de la historia de vida como parte integrante de un método para evaluar fenómenos como la identidad.

Realizar la investigación bajo una mirada comprensiva, de auto-observación, en la medida que, tanto los sujetos del estudio como la investigadora son -o fueron- parte activa (participantes de la comunidad estudiada), le imprime un valor metodológico agregado y lo vincula ciertamente al uso de enfoques etnometodológicos, de suyo interesantes.

Un desafío importante fue propiciar en los hablantes y, a través de una suerte de autoevaluación, un proceso reflexivo que trajera al presente su trayectoria formativa como actor/actriz, de modo de iluminar, comprender e interpretar todo aquello que contribuyó a la construcción de su aprendizaje. Este proceso evaluativo ha quedado instalado en la reflexión sobre la práctica, desde la perspectiva del sujeto que narra.

El proceso ha permitido iluminar aspectos relativos a las interrogantes acerca de cómo construye su conocimiento profesional el sujeto, cuánto aporta la formación universitaria a la constitución de este Actor/Actriz U.V. y la evaluación de la trayectoria, en términos de qué transformaciones, cuál identidad y qué características reúne su ser profesional.

La unidad se constituye en una "comunidad de prácticas" en tanto se comparte un conjunto de creencias, valores, lenguaje y formas de aprehender el mundo, que les son propias; además de contar con repertorio compartido, compromiso mutuo y empresa conjunta (Wenger, 2001).

Al modo de Beaud (1996) y en el mismo sentido que he planteado esta investigación: con un acento en la interioridad de los sujetos, tanto como en el contexto en que el que se mueven, las técnicas usadas han permitido indagar sobre aspectos de la vida formativa de los hablantes, al mismo tiempo que ellos, a través de este ejercicio de indagación, han podido evaluar y reflexionar sobre el mismo proceso.

Re-construir las vidas formativas de los hablantes a través de su narrativa, permite que este ejercicio se constituya como una herramienta evaluativa valiosa para ellos, porque les permite revisar, reflexionar y re-significar esas experiencias.

Finalmente, el alcance de esta investigación radica en que no pretende ser un diagnóstico exhaustivo de la realidad estudiada, pero sí busca apuntar algunas cuestiones fundamentales sobre las que es preciso reflexionar en la evaluación de la formación que entrega la unidad académica. En otras palabras, *ofrecer elementos de reflexión* a aquella evaluación y, en el futuro, proyectar en lo posible una profundización del estudio de, por un lado, la identidad académica y, por otro, la formación de profesionales reflexivos en el ámbito específico del teatro.

Bibliografía

Arfuch, Leonor (Comp.). *Problemáticas de la identidad, en Identidades, sujetos y subjetividades*. Buenos Aires, Prometeo, 2002.

Barragan, Diego. "Las Comunidades de Práctica: hacia una reconfiguración hermenéutica". *Franciscanum*, vol. 57, no. 163, 2015, pp. 155 – 176. Web. Recuperado el 27 de abril de 2016, http://www.scielo.org.co/pdf/frcn/v57n163/v57n163a06.pdf.

Battistini, Osvaldo (Coord.). *Identidad y representaciones en el mundo del trabajo mundo del trabajo*. Buenos Aires, Prometeo Libros, 2001.

Bauman, Zigmunt. "De peregrino a turista, o una breve historia de la identidad". Stuart Hall y Paul du Gay (Comps.). *Cuestiones de identidad cultural*. Buenos Aires, Amorrortu, 2003, pp. 40-68.

Berger, Peter y Thomas Luckmann. *La construcción social de la realidad*. Buenos Aires, Amorrortu, 2008.

Bertaux, Daniel. *Los relatos de vida. Perspectiva etnosociológica*. Traducción de Godofredo González. Barcelona, Bellaterra, 2005.

Bolívar, Antonio, et al. *La investigación biográfico-narrativa en Educación. Enfoque y metodología*. España, La Muralla, 2001.

Bolívar, Antonio. "¿De nobis ipsis silemus?: Epistemología de la investigación biográfico-narrativa en educación". *Revista electrónica de investigación educativa*, vol. 1, no. 4, 2002, pp.3, http://redie.uabc.mx/redie/article/viewFile/49/91.

Coll, César. "Constructivismo y educación escolar: Ni hablamos siempre de lo mismo, ni lo hacemos siempre desde la misma perspectiva epistemológica". *Anuario de Psicología*, no. 69, 1996, pp. 153-178.

---. "Las comunidades de aprendizaje". Presentación en Simposio Nuevos Horizontes, Universidad de Barcelona, s/f.
http://experienciasdetransformacion.entrepueblos.org/wp-content/files_mf/communidadesdeaprendizaje.pdf.

Cornejo Marcela. "El enfoque biográfico: Trayectorias, desarrollos teóricos y perspectivas". *Psykhe*, vol. 1, no. 15, 2006, pp. 95-106. Recuperado el 20 de junio de 2017, www.scielo.cl/scielo.php?script=sci_arttext&pid=50718-22282006000100008.

Correa, Rosario. "La aproximación biográfica como opción epistemológica, ética y metodológica". *Proposiciones*, vol. 29, 2001. Consultado el 14 de diciembre de 2017. http://www.sitiosur.cl/r.php?id=480.

Coulon, Alain. *La etnometodología*. Madrid, Ediciones Cátedra, 1998.

Covarrubias, Patricia y Eugenio Camarena. *Construcción del conocimiento e identidad profesional*. México, Castellanos, 2010.

Denzin, Norman & Ivonna Lincoln. "The discipline and practice of qualitative research". Denzin y Lincoln (Eds.), *Handbook of Qualitative Research*. London, Sage Publications, 2000, pp. 1-28.

Flick, Uwe. *Introducción a la investigación cualitativa*. Madrid, Morata, 2004.

Garfinkel, H. *Estudios en Etnometodología*. Traducción de Hugo A. Pérez. Barcelona, Anthropos, 2006.

Goffman, Erving. *La presentación de la persona en la vida cotidiana*. Buenos Aires, Amorrortu, 2001.

Hall, Stuart y Paul du Gay. "¿Quién necesita identidad?". *Cuestiones de identidad cultural*. Buenos Aires, Amorrortu, 2003, pp. 13-39.

Hornillo, Inmaculada y Rebollo, M. Ángeles. "Discurso biográfico-narrativo de alumnos de programas de garantía social: una perspectiva sociocultural". *Revista de Ciencias de la Educación*, 2006, pp. 258.

Huchim, Donaldo y Rafael Reyes. 'La investigación Biográfico-narrativa, una alternativa para el estudio de los docentes". *Actualidades investigativas en* Educación, vol. 13, no 3, 2013, pp. 1-27. Recuperado el 27 de abril de 2016 www.redalyc.org/pdf/447/44729878019.pdf.

Ibáñez, Jesús (Coord.). *Nuevos avances en la Investigación Social. La investigación social de segundo orden*. Barcelona, Proyecto A, 1998.

Ortiz, Renato. *Otro territorio. Ensayos sobre el mundo contemporáneo*. Buenos Aires, Universidad Nacional de Quilmes, 1996.

Parlett, Malcolm y David Hamilton. "La evaluación como iluminación", Gimeno Sacristán J., et al. *La enseñanza: su teoría y práctica*. Madrid, Akal, 1983.

Pujadas, Juan José M. *El método biográfico: el uso de las Historias de Vida en Ciencias Sociales*. Madrid, CIS Centro de Investigaciones Sociológicas, 1992.

Sanz, Sandra. *Comunidades de Práctica: El valor de aprender de los pares*. Barcelona, Editorial UOC, 2012.

Schön, Donald. *El profesional reflexivo. Cómo piensan los profesionales cuando actúan*. Barcelona, Editorial Paidós, 1998.

---. "La crisis del conocimiento profesional y la búsqueda de una epistemología de la práctica". Pakman, Marcelo (Comp.). *Construcciones de la experiencia humana. Volumen 1*. Barcelona, Gedisa, 1996, pp. 183-197.

---. *La formación de profesionales reflexivos. Hacia un nuevo diseño de la enseñanza y el aprendizaje en las profesiones*. Barcelona, Editorial Paidós, 1992.

Schütz, Alfred. *El problema de la realidad social*. Buenos Aires, Amorrortu, 1974.

Stake, Robert. *Evaluación comprensiva y evaluación basada en estándares*. Barcelona, Graó, 2006.

Taylor, Charles. *El multiculturalismo y la "política del reconocimiento"*, México, FCE, 1993.

Van Manen, Max. *Researching lived experience: Human science for an active sensitive pedagogy*. New York, State University of N.Y. Press, 1990.

Vásquez, Sergio. "Comunidades de Práctica". *Revista Educar*, vol. 11, no 47, 2011, pp. 51-68. Recuperado el 27 de abril de 2016 https://www.redalyc.org/articulo.oa?id=342130836004.

Wenger, Etienne. *Communities of Practice. A Brief Introduction*. 2006. Recuperado el 10 de abril de 2015, http://wenger-trayner.com/theory

---. *Comunidades de Práctica: Aprendizaje, Significado e Identidad*. Barcelona, Paidós, 2001.

Arte y conocimiento. Cambios, sujeto y entorno.
La UNA, Universidad Nacional de las Artes

Susana Martelli
Universidad de Buenos Aires, UNA

Resumen

El proyecto Arte y Conocimiento que trabajamos en una cátedra de inicio de la carrera: Oficio y Técnicas de la Artes Visuales (OTAV), en el Departamento de Artes Visuales de la Universidad Nacional de las Artes, Argentina, recupera el valor cognitivo, emotivo y experiencial del arte. Este texto muestra la relación arte y conocimiento desde una perspectiva histórica y psicológico-pedagógica afirmada en la práctica artística. Planteamos a los estudiantes cruces cognitivos, pedagógicos, estéticos e institucionales por medio de los cuales los procesos de enseñanza se unifican en torno al objeto de aprendizaje y a situaciones individuales configurando el fundamento pedagógico de diferentes experiencias estéticas que, por tradición, fueran enraizadas en la enseñanza académica. La propuesta afecta el sentir y conocer, y funciona como motor para el trabajo en el aula y el taller de arte.

Abstract

The Art and Knowledge Project has been developed by teachers of an early professorship stage of the art career: Craft and Technics of Visual Arts (OTAV, in Spanish) from de Visual Arts Department of the Argentine National University of Arts. This project is meant to recover the cognitive, emotional and experiential value of art, showing the relationship between art and knowledge from a historical, psychological and educational perspective based on artistic practice. Cognitive, pedagogical, esthetic and institutional exchanges are suggested to our students in order to achieve unity between the teaching process and the learning objective as well as the individual situations. This way, the pedagogical basement of different esthetic experiences traditionally rooted in the academic teaching is being set up. The proposal affects feeling and knowing and acts as an engine for the classroom work as well as for the art workshop.

Artes y producción de conocimiento

> Así funciona el mundo de los explicadores explicados. Así tendría que haber sido también para el profesor Jacocot si el azar no lo hubiera puesto en presencia de un *hecho*.
>
> Jacques Rancière

Preliminar

Toda mirada implica una construcción determinada: histórica, social, cultural, económica, genérica y/o afectiva. Al pensar cómo "mirar" la enseñanza artística en la cátedra OTAV de la UNA[1] (Argentina), surgen numerosas preguntas: ¿Qué pedagogías de la enseñanza del arte hacen posible el desarrollo de capacidades creadoras de un sujeto? ¿Cómo se "representa" una institución donde se enseña arte? ¿Qué tipo de relaciones se establecen entre los sujetos, los cuerpos que la conforman y ese espacio que los aloja? ¿Qué condicionamientos conviene explicitar y hacer visibles al momento de hacer un recorte para narrar un espacio? ¿Cómo anticipamos estos interrogantes a quienes serán licenciados o docentes de arte en los distintos niveles del sistema? ¿Qué *experiencias* valorar y que *expectativas* institucionales divisar en un tiempo cercano y futuro? En relación con "esa mirada", para el presente trabajo hemos adoptado tres puntos de vista que se explicitan en tanto ejes para vertebrar esa mirada y poder así tener posibles y ampliadas perspectivas que comprendan teorías, pedagogías y prácticas artísticas. Procuraremos "andamiar" nuestra mirada desde la historia, la psicología pedagógica y la práctica artística.

---

[1] La cátedra OTAV (Oficio y Técnicas de la Artes Visuales) de la Profesora titular Graciela Marotta, Adjunta Magister Susana Martelli, Universidad Nacional de las Artes (UNA), Ley N° 24521 del 22-10-2014, fue fundada por Transformación del Instituto Nacional de Arte (IUNA), creado por Decreto N° 1404 del 3-12-1996, a su vez por transformación de las Escuelas de Arte de Nivel Terciario, que comprendían la Escuela Nacional de Bellas Artes, Música, Teatro, Danzas, Cerámica, etc. Algunos de ellas poseían diversos orígenes que se retrotraen a comienzos del siglo. XX y se formalizan en la década del '40.

1- Aspectos históricos

El soporte conceptual y teórico en el que nos basamos es aportado por Reinhart Koselleck[2], que pone la mirada en el centro de la denominada "historia de los conceptos". Es la historia de los conceptos la que investiga la diferencia o concurrencia entre conceptos antiguos y categorías presentes del conocimiento. Por dispares que sean sus métodos y aunque se prescinda de su riqueza empírica, la historia de los conceptos es una especie de explicación para una teoría científica de la historia que conduce a la metodología histórica (Koselleck). Se trata del punto de articulación ligado al lenguaje y la realidad político-social entre las fuentes, no del vínculo pasado-presente, ni de una ordenación y datación concreta:

> Sólo es imprescindible una exacta datación para poder ordenar y narrar los acontecimientos. Pero, una datación correcta es sólo una presuposición y no una determinación del contenido de aquello que podría denominarse "tiempo histórico". La cronología —en tanto que ciencia auxiliar— responde a preguntas por la datación en la medida en que remite los numerosos calendarios y medidas del tiempo que se han dado en el curso de la historia a un tiempo común: el de nuestro sistema planetario calculado físico-astronómicamente. Este tiempo único y natural es válido para todos los hombres de nuestro globo, teniendo en cuenta las estaciones del hemisferio opuesto y la diferencia variable del período del día. Del mismo modo, se puede partir de que el tiempo biológico de la vida humana es de una variabilidad limitada y de una homogeneidad universal. (Koselleck 7)

Este historiador, filósofo y sociólogo asocia crecientemente el nacimiento de la modernidad con la emergencia de una nueva forma de concebir la temporalidad histórica. Estas razones enunciadas deben motivarnos a seguir investigando en forma permanente y en la búsqueda de conocimientos cada vez más amplios y estables a partir de que gran parte de la bibliografía histórica y pedagógica de estas instituciones y las pro-

---

[2] Görlitx, Alemania (1923-2006).

ducciones artísticas que ellas promueven está construyéndose en el presente pero fundamentalmente a partir de que dicha literatura tiene todavía un fuerte carácter "expresivo".

En este trabajo y desde ese enfoque teórico nos hemos abocado a distinguir los conceptos de "experiencias" y "expectativas". Pero, nos aclara el autor que, "con frecuencia, una misma palabra puede cubrir el concepto y la categoría históricos, resultando entonces aún más importante la clarificación de la diferencia de su uso". (Koselleck 333).

Al respecto, esta interpretación de las categorías experiencia y expectativa -como lo afirma el historiador- nos permite caracterizar a la experiencia como esa gimnasia por medio de la cual se elaboran acontecimientos pretéritos o recientes, que podemos tenerlos presentes en nuestras acciones y que además están impregnados de realidad considerando que los individuos en el devenir histórico, relacionan sus propias conductas con las contingencias realizadas o fallidas. Como repetibles que son, las experiencias pueden reunirse, la expectativa en su condición de pronóstico, avizora las condiciones de una historia posible En esta semántica de los tiempos históricos, es necesario establecer la diferencia entre experiencia y expectativa a fin de que se pueda comprender la historia. No obstante, la Historia[3] sólo puede reconocer lo nuevo si está enterada de la procedencia de los acontecimientos que cambian continuamente y que permanecen ocultos en las estructuras duraderas (Koselleck). Cuando no se advierten literalmente los acontecimientos y sí se observan los eslabones de los sucesos y la articulación secreta entre lo lejano y lo futuro, se aprende a componer la historia a partir de la señal y el recuerdo. En este sentido pensar históricamente las instituciones de enseñanza artística, permite considerar ese pasado: contener la posibilidad de anticipar los hechos, pronósticos que vienen determinados por la disposición previa de esperar que transforme la situación desde la que surge. En esta misma línea, ver históricamente la educación artística permite ver cómo se habían dispuesto entonces fundamentos metodológicos que se establecieron en torno al valor formativo de la enseñanza artística, a la importancia de la autoridad del docente como único conductor especializado, a la mimesis como objetivo, a la progresión de las dificultades y, fundamentalmente como bases didácticas, a la importancia de la acción productiva en el proceso de enseñanza. Del mismo modo, hay que tener en cuenta que la educación artística, es decir, las prácticas educativas, se enlazan con aspectos relativos a aquello que en

---

[3] Koselleck expresa que la *Historie* se concibió como un conocimiento de la experiencia ajena.

los diversos contextos culturales se denomina arte, sea desde cuestiones de estética, de "gusto", de apreciación, hasta cuestiones de materialización de esas prácticas. Desde que Baumgarten (en Montoya Veliz) alumbrara la idea de estética como *cognitio sensitva*, se han multiplicado intentos de definir la educación artística en los que prima el criterio, aún vigente, que la concibe como la educación del juicio estético. La práctica educativa fue entendida también como la formación de la sensibilidad para la belleza, aun cuando esa ponderación deja de ser el único o más significativo parámetro de artisticidad. (Agirre Arriaga). No se pretenderá en lo sucesivo hacer un juicio de valor de esas prácticas educativas sino asumir la responsabilidad de tomar parte del debate actual, debate que se inscribe en el ámbito del conocimiento que nos singulariza y nos ubica junto a otras discusiones en el campo educativo en el que se reflexiona y siempre se vuelve sobre la noción de democracia y educación, y se teoriza sobre este vasto cuerpo de cuestiones (Hillert).

La institucionalización de la enseñanza artística en la Argentina

Desde los comienzos de la enseñanza artística en nuestro país, los vínculos que entre arte y educación se han tejido, proceden de situaciones políticas y culturales que las han atravesado. Y nos atraviesan. Estas circunstancias se han dado en el marco de los cambios y las crisis mundiales en lo político, cultural y educativo, produciendo debates que han reubicado y reubican las modificaciones que se producen en la cultura y la sociedad, y que nos interesa considerar teniendo en cuenta que la Historia nos habita. Como en toda América, durante el período colonial en lo que hoy es el territorio de la Argentina, fue clave la presencia europea; una red de relaciones culturales vio en ese fluir, sobre todo en las imágenes visuales, un muy significativo valor.

En este sentido, hay que destacar que los cambios más generales durante los años de las revoluciones en Latinoamérica en el campo del arte y de la educación artística se conectan con nuevas condiciones del saber, formas de sentir y de pensar, y las transformaciones más generales de la cultura y los productos culturales dados en Europa. En lo que hoy es la Argentina, la primera tentativa de enseñanza artística propuesta en forma sistemática fue encarada por Manuel Belgrano hacia 1796, en lo que fuera la capital de la Colonia. Esta escuela, finalmente materializada en 1799 y pensada por Belgrano para la ciudad, cimienta las prioridades de lo que será, en 1821, en el momento de la creación de la Universidad de Buenos Aires, la denominada Cátedra de Dibujo (en adelante La Cátedra), que tendrá gravitación en la formación de los artistas, en la apertura cultural y en la fuerza de un pensamiento educativo y artístico argentino.

El Edicto de creación de la *Universidad de Buenos Ayres* firmado el 9 de agosto de 1821, presupone un nuevo exponente en la historia de la enseñanza artística en el país. La nueva universidad, inaugurada el 12 de agosto del citado año, presentaba el atractivo de ofrecer cursos más laicos e ilustrados. Los principios de la Ilustración llegaban con más fuerza a La Cátedra en Buenos Aires que a la tradicional Universidad de Córdoba cuyo origen colonial y gestión jesuítica afirmaba los estudios en filosofía y teología.

Con fuero y jurisdicción académica y con estatutos que demarcarán la autoridad y competencia, la flamante universidad entra en posesión de todos los derechos, rentas y edificios que han estado aplicados a los estudios públicos y han servido para sus usos, funciones y dotación. El interés puesto de manifiesto por la materia que tuvo presencia significativa en la enseñanza del arte y que fuera colaboradora con la creación de un clima cultural como fundamento de la generación del '37[4], preparó el primer alejamiento con respecto a la tradición española, que se manifestó en la literatura mediante la adopción del romanticismo como modelo. En cuestiones pedagógicas, La Cátedra reconoce una transformación en lo que va del modelo gremial a la innovación y modernización de la enseñanza. Entre ese modelo gremial y la definitiva consolidación de la academia se producen modelos y modos de convivencia con otros paradigmas. En ese recorrido, aquellos artistas y teóricos del arte del Renacimiento habían descubierto en la herencia artística señales más significativas que el resultado de dilatadas labores con el pincel, el martillo o el buril. Desde la perspectiva pedagógica, La Cátedra de Dibujo significaba un positivo giro y los nuevos métodos aportados desde Europa por las Academias, fueron tomados con intensidad y fuerza (García Martínez). La formación artística que debe ocuparse de los saberes sobre las artes de manera organizada y jerarquizada, admite entonces un cierto grado de libertad que hace a la base de la creación. La regla y el modelo canónico de proporciones sustentan la idea de belleza. Este enfoque promovió, por un lado, la idea de que el saber artístico se organizaría de manera independiente con el carácter de ciencia descargada de todo signo instrumental, y por otro, impulsó

---

[4] Se llamó Generación del '37 a las reuniones que en 1837 realizaban, para el intercambio de ideas, los intelectuales que en la época estaban gestando el movimiento romántico en la Ciudad de Buenos Aires, Argentina.

la tarea del artista "como un ejercicio noble que le aporta, por consiguiente, prestigio social" (Agirre Arriaga 176). Esta nueva concepción social del artista implicaba necesariamente una nueva forma de entender la educación, que afectaba tanto a los métodos y a los contenidos de la enseñanza como al cuerpo social que veía cómo el arte le otorgaba distinción. El objetivo de la formación de artistas no consistió en el mero dominio de las técnicas y el incuestionable virtuosismo, sino que se formula con otro alcance: tener en cuenta, de manera decisiva, los estudios de anatomía y además exaltar la misión de la filosofía, la mitología y la teoría del arte. En correspondencia con el nacimiento de La Cátedra en el seno de la universidad, la enseñanza del dibujo pasó a ser una instrucción para sectores más amplios y un espacio de formación de jóvenes que luego serían la vanguardia del movimiento ideológico y del giro romántico reinante en Europa y también en el país cuya transformación empezaba a gestarse (García Martínez). Esta decidida corriente hacia la institucionalización de la enseñanza artística fue reafirmada por el pensamiento y la influencia de la cultura europea, que comenzó a hacerse notoria en el país hacia 1820 y con más firmeza desde la creación de La Cátedra en la Universidad de Buenos Aires. Jerarquía, orden, preceptos y disciplina son definiciones medulares del pensamiento racionalista que alcanzan a la educación artística (Agirre Arriaga). Estos rangos fueron también aplicados al diseño de las instituciones encargadas de la formación de artistas, en especial cuando éstas orientaron su labor a una clasificación disciplinar del saber[5].

Varios aspectos son los que trata de satisfacer La Cátedra universitaria en sus años de funcionamiento. Entre ellos, además de las cuestiones de método, importaban la exigencia de *expertise* en la cultura grecolatina que llegaba de Europa[6] y, en esa dirección, la formación de un individuo cuyo capital fuera tanto del orden de la producción como de ciertas competencias en torno al saber ver. Acentuaba, por un lado, la fundamental importancia dada a la enseñanza del dibujo, que mantenía el sentido utilitarista que la escuela de Belgrano le había dado a esa disciplina, y por otro, la significación dada en la formación del *connaisseur*, cuya base ideológica

---

[5] Las academias en el Renacimiento eran como un círculo espontáneo de humanistas. Durante el Manierismo, aunque hubiera ciertas reglas de funcionamiento pedagógico, sus nombres extraños como "agitados" o "animosos" daban cuenta de una ausencia de proyectos poco reglados (Pevsner).

[6] En cierto sentido tardíamente, ya que en Europa se iniciaba el movimiento prerromántico aproximadamente entre 1770 y 1820, año de creación de la Cátedra de la Universidad de Buenos Aires.

es innegable en ambos casos apuntando a la formación de un público culto, que supiera apreciar y distinguir las obras de arte[7]. Michael Appel (1986) establece que el significado de ideología hace referencia a algún tipo de "sistema" de ideas, creencias, compromisos fundamentales o valores sobre la realidad social. La educación artística en el momento de creación de la cátedra de Dibujo en la universidad tiene fundamentos en la evolución de los movimientos académicos de los países de Europa. En esa dirección el dibujo en la cátedra, fundamentalmente el principio de "lo lineal", sostiene el predominio de la racionalidad de la expresión serena y calma sobre lo impetuoso del color, cuyas temáticas y técnicas pictóricas fecundas se oponen a la serenidad y belleza del dibujo que da límite a la superficies, que permiten razonar intelectualmente sobre la belleza frente a un *expresionismo alla prima* del arte del Barroco. A través del dibujo, se da una reacción contra los efectos pictóricos, frente a la teatralidad y el movimiento desbordado y profuso. Se destacan con limpieza las formas para valorar el contorno y la belleza formal de las figuras y objetos; se evitan los fuertes contrastes y las oposiciones pictóricas. La metodología aparece anclada en una enseñanza práctica fundamentada en el dibujo de observación y en la copia de modelos de yeso que se articula con la formación teórica, en la que se ligan las ciencias, las humanidades, la historia, la enseñanza de la filosofía, ciertos principios de anatomía y un fuerte acento en la geometría y la perspectiva. La enseñanza en La Cátedra, al tutelar la posibilidad de la creación artística por medio de reglas comunicables y como parte de la herencia europea, desecha la idea de genio movido por la inspiración divina o por la intuición y el talento individuales. Al mismo tiempo aleja la visión del arte como artesanía, lo que implica un cambio radical en el estatuto de los artistas: dejan de ser artesanos de los gremios y 'pasan a ser considerados teóricos e intelectuales'[8] (García Martínez 49). En la cátedra de la universidad operaban de manera implícita o explícita

---

[7] Burucúa retoma a Timoty Clark, quien "enumeró en el prólogo de su libro sobre Courbet, y el arte parisino del siglo XIX, *Imagen del pueblo*, los temas que el nuevo enfoque exigía dilucidar -el 'diálogo' entre artistas y críticos, de críticos entre sí , de críticos y espectadores, (Clark diferenciaba juiciosamente el público, una creación de los *connaisseurs*, del espectador, un ser concreto real al que se lo puede estudiar 'empíricamente')-, y explicó entonces las características de esa metodología histórica como un movimiento pendular entre la descripción de los condicionamientos de la historia sobre el artista y el conocimiento de la situación específica, en la cual el artista crea, interfiere sobre lo recibido con su obra y es capaz también de modificar el curso de la historia" (20).

[8] Se hicieron calcos, estudios directos sobre cadáveres y se otorgaron becas de estudio y premios para el alumnado.

algunos preceptos o normas que, en coincidencia con las academias europeas, regían la actividad artística y pedagógica. Agirre Arriaga, retomando a Tatarkiewicz, recopila en ciertos principios de la tarea pedagógica en las instituciones formadoras de artistas, reglas en las que manifiesta la presencia de criterios estéticos y estilos:

> -Las virtudes de una obra de arte son de índole cognoscitiva por lo que es preciso el estudio y la imitación de aquello cuya belleza y verdad sea un hecho comprobado.
> -Todo lo que el arte representa debe hacerse según los principios de conveniencia (adecuación entre las partes) y decoro (conveniencia entre forma y contenido).
> -El arte está sujeto a principios universales y reglas absolutas.
> -El arte debe ser evaluado de acuerdo a criterios racionales y universales.
> -La grandeza, la nobleza y la sublimación deciden sobre el valor del arte. (Agirre Arriaga 178)

En 1876[9], un grupo de artistas crea la Asociación Estímulo de Bellas Artes que, luego de procesos socioculturales y políticos diversos, será el cimiento de la Escuela de Bellas Artes "Prilidiano Pueyrredón", fundada hacia 1940. En dichas circunstancias, desde la perspectiva pedagógica se suponía, siguiendo los postulados "innatistas" o "teorías del don", que la "vocación" por el arte era una marca y un destino desde temprana edad: "se nacía para ser artista" y se dejaba a aquellos sujetos que "no fueran llamados", por fuera de las posibilidades de recibir una educación artística[10]. En este sentido, las escuelas de arte en sus inicios, como herederas de la Asociación Estímulo de Bellas Artes, entendían que para la creación artística era indispensable poseer ciertas dotes: adecuada percepción visual para las artes plásticas y condiciones exigibles para cualquier arte, como capacidades esenciales, ignorando las posibilidades expresivas que toda persona posee y que la enseñanza en las distintas disciplinas finalmente podría desarrollar. Formación que renunciaba a una

---

[9] Esta Asociación de jóvenes artistas de Buenos Aires se estableció para fomentar el cultivo del arte en la ciudad porteña en la que había sido creada, que también se pensó extender a todo el país.
[10] Vocación o "llamada" que no siempre podía diagnosticarse pedagógicamente.

enseñanza que favoreciera en los estudiantes la construcción y resignificación de sus relaciones con las diferentes manifestaciones de lo estético, ya fuera desde la producción, desde la práctica o la apreciación en los distintos contextos del hecho artístico.

Del mismo modo que en la Academia Francesa de Pintura y Escultura, los profesores en nuestro país fueron quienes transmitieron los saberes teóricos sosteniendo un estilo oficial marcando las virtudes de la obra de arte que estaban sujetas a reglas absolutas y además seleccionaron los modelos para los estudiantes[11]. Eran los docentes quienes decidían sobre el valor del trabajo de sus alumnos teniendo en cuenta la grandeza, la sublimación y la nobleza a partir de una tabla de pautas rectoras de la actividad pedagógica. La enseñanza explícita entonces, tuvo en cuenta patrones temáticos, compositivos y técnicos, así como el uso de los materiales y las herramientas a la manera de los grandes maestros europeos (adhiriendo al estilo de Ingres), que convirtieron al dibujo en la clave del academicismo en la expresión, la forma interior, el plano y el modelado como la más alta dimensión artística[12]. Principios de una ortodoxia estética que eran custodiados por maestros para el resguardo de la cultura más clásica y universal, que nacida en Francia y en disputa con Italia por el lugar relevante, llegaba adaptada a Buenos Aires.

El dibujo como fundamento y organizador de los programas de estudio

En cierto sentido, de manera genealógica los contenidos y los métodos de enseñanza, la práctica de las técnicas y los procedimientos propios de la enseñanza de los elementos componentes de los lenguajes –el visual en este caso particular- han respondido a razones estéticas y principios pedagógicos que fundamentan la creación artística. En el dibujo, es la razón la que lo convierte en cimiento que asegura su efectividad, es el trazo el que traduce en concepto intelectual la noción sensorial del objeto; es la severa objetividad en la representación la que da, a través del dibujo,

---

[11] El modelo era la Academia Real de Pintura y Escultura que fue creada en Francia en 1648 y que surgió como producto de una rebelión de los artistas franceses contra las regulaciones gremiales que regían desde el siglo XIII. En 1816 se reagrupan la Academia de Pintura y Escultura, la más antigua, la Academia de Música (1669) y la Academia de Arquitectura (1671).

[12] El suizo José Guth, uno de los primeros docentes de la cátedra que aportara las novedades europeas, insiste en los principios académicos más los criterios estilísticos y estéticos.

el carácter escultórico de las figuras[13]. El imperio de la línea se emplaza como elemento indiscutido y contundente, y convierte a "lo lineal" en la disciplina matriz y núcleo de la expresión. La visión reglamentada del arte que comenzó a dominar la enseñanza artística en las academias, tuvo en el dibujo el ímpetu que demostró la necesidad de su sostenimiento ya desde la Escuela de Belgrano, pero sin abandonar por eso la formación hacia actividades más productivas. Como consecuencia de las transformaciones más tardías producidas por la revolución industrial, en la naciente actividad gráfica se hizo necesaria la formación de buenos dibujantes y algunos destacados artistas ya ofrecían su arte en muestras y colecciones.

Al ingresar en estos criterios sobre la enseñanza artística, en nuestro país en las postrimerías del siglo XIX, es preciso previamente señalar que la relación arte-enseñanza a partir del uso de los términos, opera para delimitar conceptos y espacios disciplinares. En otros términos, en este apartado, el término "arte" se ha venido utilizando sobre la base de dos ideas rectoras. En principio, una cosa es designar como Bellas Artes a aquellas prácticas promovidas profesionalmente por la sociedad, por otros artistas-docentes que, vinculados culturalmente a patrimonios ya existentes, han actualizado y acrecentando dicho patrimonio cultural y nacional: asociaciones, galerías, museos, exposiciones, muestras, espacios material y simbólicamente cerrados, legitimantes de las obras, y a la vez legitimados por la sociedad y la crítica[14]. Otra cosa es designar las prácticas que surgen por extensión de aquellas en la medida en que son ejercidas, valoradas y *apropiadas* en los contextos institucionales en los que habitan, y que revelan la adquisición del arte o la formación de artistas por las instituciones que les dieron albergue. En ese sentido, históricamente, los estudios y las prácticas de artistas y docentes luego de la experiencia de la Asociación Estímulo de Bellas Artes, cuyo objeto respondía al desarrollo y adelanto del dibujo, pintura, escultura, arquitectura y demás artes, fue llegar luego a un proceso de institucionalización. La formación de los jóvenes artistas de donde surgirá la fecunda Escuela de Bellas Artes "Prilidano Pueyrredón", la enseñanza del arte y de sus docentes, se formalizará en tres niveles: medio, terciario y superior, lo que se había dado en llamar "unidad académica", estructura que con algunas modificaciones se conservará hasta

---

[13] El dibujo en los actuales programas de estudio en las escuelas de arte alcanza cierto privilegio. Es la asignatura soporte tanto de la pintura como de la escultura.

[14] Las muestras y exposiciones de arte estuvieron en sus orígenes en la Asociación Estímulo de Bellas Artes.

Artes y producción de conocimiento

la creación del IUNA en el año 1996. Bien entrado el siglo XX, promediando la década del '50, si bien en el área de educación artística dentro del sistema educativo se había producido una modificación en los planes de estudio, los mismos conservaban aquellos modelos con un programa logocéntrico que, sin embargo, partía de la teoría del don[15].

Los planes así entendidos mantenían la unidad académica pero pedagógicamente no reparaban en aspectos de la subjetividad, cimiento y sostén de la expresión artística, ni se integraba la reflexión sobre la transmisión de los saberes en la que se pusiera en consideración el problema de las formas de filiación con las nuevas generaciones. Esto implicaba de alguna manera desconocer que las nuevas generaciones recrean y rehabilitan la herencia cultural. En Buenos Aires, al contar con una escuela de formación artística, se constituye una vía de acceso al intercambio con una sociedad que configura su política cultural y artística, construye su identidad y divulga sus ideas y sus gustos. La enseñanza del arte participa en el país, en cierto sentido, en la formación artística que se va extendiendo y busca su identidad en momentos en que la gramática artística no es ajena a las transformaciones de la vida política, cultural y social.

Siguiendo un largo y sinuoso recorrido, producto de los cambios y procesos sociales y culturales, la enseñanza del arte irá a confluir en la pregunta sobre el sujeto a partir de nuevos nombres, otros movimientos y cambios que el mundo contemporáneo, y por la acción de las vanguardias, recoge y traduce. La enseñanza artística hacia fines del siglo XX y en lo que va del XXI, va en busca de un nuevo paradigma educativo sobre la base de nuevos dominios que le permitan visualizar al individuo dotado de habilidades y destrezas, puesto que le demanda nuevas maneras de producir; además, intenta darle un sentido al sujeto creador, aspirando a la vez a superar o integrar dicotomías estéticas, como arte/artesanía, saber/hacer/sentir, así como también, pensar el lugar del arte en un mundo tecnologizado. Hoy, en la República Argentina, el presente en la cátedra de OTAV de la UNA, inmersa en las modificaciones del campo cultural, en parte como oposición, en parte como reverso, recupera de la pedagogía artística la idea de experiencia. Arte y experiencia deben inventar alguna forma nueva de entrar a producir los cambios sobre los cuales la cátedra de OTAV plantea desafíos institucionales, sociales, estéticos y cognitivos

---

[15] En 1957 se crea la Comisión Revisora de Planes del Ministerio de Educación a fin de revisar dichos planes y redactar un anteproyecto de plan definitivo de las carreras de artes visuales en tres niveles: medio de cuatro años, Escuela Manuel Belgrano; terciario de tres años, Escuela Prilidiano Pueyrredón, y superior, Escuela Ernesto de la Cárcova. Decreto del P.P.N.A N° 1551/58.

y, en fin, pedagógicos. En el movimiento hacia una educación artística entendida como una forma de conocimiento, ese conjunto de dominios que ayudan a consolidar las aptitudes, las pedagogías artísticas fortalecen el reconocimiento de la experiencia; se abre el campo de las expectativas, y el retorno de lo personal y lo institucional. Un *yo* cultural, social, incluso político, que se articula por medio de los programas en los que, como en aquella conocida imagen gestáltica, la figura y el fondo se constituyen y se revierten, pero permanecen unidos; así, a través de la experiencia y la práctica, arte y conocimiento se articulan e integran de diversas maneras por el impulso de redefinidas pedagogías.

2- Pedagogía artística. ¿Hoy en el Arte? Subjetividad, familia y universidad

En esta secular dialéctica que llevó al arte a través de su historia de la imaginación al logos, y de manera recíproca, del pensar al crear/hacer/sentir, el presente nos trae, de manera renovada e inquietante, la articulación entre arte y conocimiento. En todas sus manifestaciones y disciplinas, el arte se ubica en el amplio campo de conocimientos producto de la acumulación de culturas, teorías y producciones previas, y de ruptura de las mismas en función de la mirada y la creación propias de cada persona.

La elección, en este caso, de las temáticas subjetividad, familia y universidad para trabajar con el primer nivel de estudiantes de la cátedra de OTAV como componentes de investigación y producción, hace a la formación en la universidad, que está necesariamente referida a quiebres y nuevas miradas sobre arraigadas temáticas que, si bien reingresan con la mirada del presente, fueran tal vez tradicionales a lo largo de la Historia del Arte: la naturaleza muerta, la figura humana, el autorretrato, la escena y el paisaje. Al no tratarse de una propuesta determinada sino abierta a distintas producciones a través de recursos pedagógicos y metodológicos, la propuesta de promover la creación de universos propios y personales partiendo del *yo*, de lo familiar y mirando la universidad como tema a investigar y producir, abre nuevos horizontes a la creación. Esta orientación pedagógica permite no reproducir acríticamente modelos educativos ni estéticos y posibilita una notable variedad de prácticas y producciones que constituyen un dilatado territorio. Así, identificaciones, desvíos, disidencias, debates en los procesos de creación y producción simbólica o metafórica, otorgan, fortalecen y dan sentido a la producción artística. Pero además, en esta instancia se gesta la propuesta que enlaza cognición y afectividad, acrecentando el lugar de la sensibilidad que abre las puertas de lo inteligible.

¿Por qué el arte es un campo de conocimiento? Si bien una definición del arte es una tarea inabarcable e improductiva, a lo largo del tiempo, escritores, ensayistas y analistas han dado numerosas; entre tantas, el arte es entendido como un proceso de revuelta, de cambio, de productividad, como el fruto de la creación, como un campo de fertilidad, de reacción o de resistencia. Intentar definir el arte nos enfrenta a una cuestión abierta, subjetiva, discutible y sin acuerdo unánime entre artistas, teóricos, historiadores.

Y para ampliar la pregunta: ¿cuál es la singularidad epistémica del arte? Comenzar a responderla nos conduce a ver el arte como una praxis. En tanto es experiencia, la práctica artística abre el espacio de acción y de ruptura de límites y de nuevos significados. Todo pensamiento posee potencialmente una diversificación de prácticas y objetos que resultan viables a la construcción del objeto de conocimiento. Desde distintas perspectivas epistemológicas el pensamiento se abre a una red a partir de diversos lenguajes –visual, corporal, gestual, audiovisual- y en esa apertura emerge un trabajo de exploración con relaciones relevantes, búsquedas y hallazgos, miradas desde puntos de vista "no sacramentales", quiebres de lo heredado para arribar de un modo consciente a la experiencia estética propia, sea desde la producción, la apropiación o la estimación. Al dar otros sentidos y trabajar cuestiones de subjetividad y de identidad social, el arte permite "desaprendizajes" que con el aporte del pensamiento intuitivo, establecen relaciones relevantes y propias que son captadas, desarticuladas, y rearticuladas. Es una forma de pensar, de ordenar el conocimiento ya adquirido o alcanzar el nuevo, ya que la actividad de la imaginación permite establecer vínculos y nexos, que hacen transformar relaciones establecidas para actualizar y dar forma a nuevas culturas y cambios de la sociedad. Arte y conocimiento resulta un par que admite la indagación, lleva consigo un laberinto no lineal ni lógico, hace emerger lo oculto, lo hipotético a ser descubierto, lo incierto para ser recorrido. La articulación arte y conocimiento incluye diversas formas de las teorías científicas o lógicas, inductivo-deductivas o analíticas, pero el pensamiento intuitivo inaugura la anticipación de un enunciado y una proposición; por lo tanto, la intuición es un tipo de empeño que da lugar a combinatorias de la información disponible articulada de manera personal, única, nueva, propia, que trae consigo además una carga de experiencias sensoriales, emotivas e inquietantes.

Este "equipaje" está constituido por una educación en el área de artes visuales que, como un sedimento sobre el cual trabajar, produce imágenes distintivas, reveladoras y significativas de subjetividades, al dar lugar a una ambigüedad que no inhibe sino que hace emerger aquellas imágenes truncadas por pedagogías "inhabilitantes". No consideramos aquí enfrentar de manera oponente pensamiento científico versus pensamiento intuitivo, sino complementarlos. Jerome Bruner (1968) afirma que los procesos que intervienen en la incorporación de conocimientos pueden ser tanto de naturaleza analítica como intuitiva. En tanto su origen, intuición y análisis se retroalimentan y progresan a expensas mutuas, aunque no siempre sea posible dar cuenta de cada uno de dichos componentes; en otros términos, el sujeto puede no tener conciencia de la forma en que se arriba a resultados terminantes y puede dificultar la explicitación y la comunicabilidad, pero no su manifestación. El pensamiento intuitivo puede resultar insuficiente o imperfecto y en tal sentido un desafío a "seguir buscando", a alcanzar, completar y volver a comenzar como condición necesaria del sujeto que conoce y crea. A fin de ampliar, reconocemos que la actividad intuitiva en tanto proceso mental, complementa el pensamiento racional y analítico, y resulta para los procesos de creación artística –con particular intención en una cátedra como OTAV- superadora de pedagogías "tecnicistas", como el inicio de procesos de aprendizajes y experiencias artísticas de una significativa contribución.

Al recibir estudiantes del Nivel I de la Licenciatura, y que han finalizado el nivel secundario de enseñanza dentro del sistema educativo argentino, los sentidos y finalidades resultan significativos para dar cuenta de la particularidad e importancia de la enseñanza del arte. Elliot Eisner (1995) realiza, desde la década del setenta, una crítica aguda a las pedagogías "tecnicistas" imperantes en los Estados Unidos y focaliza en el lugar que ocupan las disciplinas artísticas en el currículum escolar. La educación artística actual en nuestro país y en el mundo está atravesada por variables que la complejizan. El contexto cultural que la comprende responde a desafíos pero, además, la enfrenta a cambios que se producen tanto en el arte como en las ciencias sociales, ya que encara un nuevo estatus epistemológico. Muchas son las propuestas del quehacer artístico que se presentan en la UNA apuntadas a la formación en la Licenciatura y a la formación docente. Algunas se presentan asociadas a diversos modelos, teorías y prácticas, varias de ellas conviviendo con paradigmas nacidos hace ya muchos años y diversas teorías que respiran relativismos estéticos y culturales. Otras, más presentes y activas, nos invitan a realizar propuestas pedagógicas reflexivas y críticas frente al impacto de la cultura visual en la que estamos inmersos desde hace ya varios años.

Varios autores ubican a la educación artística en la denominada posmodernidad, educación artística cuya característica parece intentar comprender, procesar y expresar los fenómenos a través de concepciones estéticas que dan lugar a su vez a múltiples prácticas. (Efland, Freedman y Stuhr). Respondiendo, en consecuencia, a renunciar a "verdades" artísticas y filosóficas, en nuestro trabajo en la cátedra OTAV en el Nivel I de la Licenciatura, reconceptualizamos muchas nociones modernas en torno al tiempo y al espacio. Es un trabajo en relación a las cuestiones de identidad social, ya que todo proyecto educativo debe considerar al sujeto como ser social, en tanto prioridad de la acción docente, pero fundamentalmente, la tarea apunta a la construcción del *yo*, respetando una subjetividad creadora y crítica a través del uso del lenguaje visual.

En ciertos medios, cuando se insiste en la necesidad de la formación artística, se requiere de argumentación y de justificación, a diferencia de otros conocimientos que se han legitimado. Nadie duda hoy en la universidad de la importancia de las otras disciplinas teóricas o prácticas, pero las opiniones se dividen cuando se refieren a la formación visual, auditiva, cinestésica, dramática o narrativa cuando son entendidas como exclusivas habilidades. El arte es un campo de conocimiento que se conecta con otras áreas dentro de la formación del Licenciado o el docente en Artes, y demanda a su vez de docentes con nuevos perfiles. Estas maneras de abordar el conocimiento y la expresión en las aulas y talleres de arte podrían expandir la formación artística y la renovación de maestros y profesores de arte, a fin de dar a la educación artística el enfoque, la metodología y las didácticas más apropiadas a los contextos, necesidades y posibilidades de transformación que el arte puede aportar desde una perspectiva formativa y transformadora de la experiencia individual y social.

3- Práctica artística

Un rasgo característico del arte contemporáneo es el ataque frontal y la ruptura no solo de los límites: se da también un quiebre a su semántica formal, al lenguaje que circunscribe la significación a una relación interna, cerrada y universal entre el signo artístico y su referente (Berger). Los trabajos con la forma y el color en relación con la experiencia estética, se plantean como problemas de lenguaje, más que concebirlos en términos de una categórica de representación mimética. En esta acción, surgen políticas y poéticas de significación más que estrategias de representación.

Pero además, como referiría Jacotot, no esperamos más que una aventura como tal, nada que no este puesto en las expectativas acerca de hasta dónde se puede llegar por medio de este tipo de experiencias (Rancière).

¿Qué propósitos guían la acción docente? La propuesta consiste en plantear experiencias en la formación artística que apunten a marcar ese rasgo característico del arte en nuestra contemporaneidad, es decir, a producir una disputa básica, encarada al rompimiento de todo aquello que nos interpela, imágenes que nos habitan, símbolos, signos, en suma, iconografías entre las que la sociedad contemporánea circula cotidianamente: este sorprendente universo (Dondis). El vértigo, la fugacidad, lo efímero de las imágenes que nos atraviesan en la actualidad, a través del excesivo uso de dispositivos electrónicos y redes sociales, son pensadas tal como meta-imágenes. Al hablar de meta-imagen se referencia a la propia imagen, un yo en contexto, esto es, cuando se toma a sí misma como referencia representacional. Es el mundo que se narra a sí mismo. En esa dirección conocer la diversidad de prácticas artísticas de las que los estudiantes de arte pueden ser partícipes, permite investigar los objetos de estudio del arte de nuevas maneras, faculta a conocer distintos desarrollos teóricos que amplían y complejizan los abordajes del arte como objeto de prácticas, e impulsa a generar propuestas de producción artística, a partir de la exploración y la composición con los procedimientos y componentes formales del lenguaje visual, permitiendo el conocimiento, la expresión y diversas experiencias en la comunicación de sentimientos y emociones.

¿Qué capitales, acciones y recursos se ponen en juego? Ojo-mano-imago-mundis se conectan y contienen la huella que se descubre sobre el soporte. El docente permite y enseña a conectar, como si de un puente se tratara, las relaciones entre técnica y discurso. La enseñanza de las técnicas artísticas y sus acuerdos con los referentes visuales que son seleccionados para verificar dicho proceso creativo, deriva como auxiliar metodológico, de la producción fotográfica en tanto dispositivo tecnológico. Trabajar con fotografía y técnicas del *collage* como recursos ha resultado, en el taller de la cátedra OTAV, una forma expresiva propia y una posibilidad de problematizar la transmisión pedagógica. El *collage*, por las inagotables posibilidades materiales que nos ofrece y por la contingencia presente de los objetos aparentemente aislados, nos invita a dejar de ver los objetos mismos y a hacer de ellos, otros. Renunciar a reconocer sólo la representación mimética en las fotos familiares y personales, en las imágenes publicitarias, fotografías del contexto institucional y reproducciones de obras, descubre algo más que la pretensión común del objeto, a fin de evitar que se agote el prodigio de la imagen. Aparece la magia que no reside sólo en el objeto, sino en ese encuentro azaroso con otros objetos, con otras imágenes, en suma, otra síntesis. A los docentes nos interesa no sólo obtener a través del *collage* esa forma reveladora, propia de artistas del siglo XX nacidas de las tipografías, de los acontecimientos industriales y de los medios de comunicación, sino también que trabajar con recortes nos permite concebir la técnica como estrategia para hacer descubrir, acceder, habilitar y reconocer la capacidad creadora y crítica de los futuros licenciados y docentes de arte. Tal como en la cátedra le damos sentido creador, el *collage* va más allá del simple hecho de calificarlo como una mera técnica: nos ha resultado desde una perspectiva didáctica, un motor de cambio fundamental, un instrumento pedagógico potente propio y que resurge en la actualidad. Nosotros pensamos con esta experiencia, más en políticas y poéticas de significación que en estrategias de desarrollo de la capacidad creadora. Pero además, como referiría Jacotot, no esperamos más que una aventura como tal, nada que no esté puesto en las expectativas acerca de lo que se puede lograr y hasta dónde se puede llegar por medio de este tipo de experiencias (Rancière).

El clima de nuestra contemporaneidad, su espejo en la cátedra OTAV[16]

En las últimas décadas se produce la integración de las artes en la universidad, ya sea por la creación de nuevas carreras o bien a través de la modificación de los planes de estudio de las tradicionales academias o escuelas de artes; el conocimiento reclama la integración del saber y el hacer. Un decir personal que abre resquicios por donde entra la enseñanza en la cátedra OTAV, a través de modelos basados en el conocimiento y el lenguaje. Más que de un canon, la enseñanza en la cátedra necesita de condiciones que lo hagan posible: una concepción de la autonomía del sujeto que desde una amplia epistemología, admita diferentes prácticas artísticas. El trabajo docente tiene incidencia en los objetivos, los contenidos y las metodologías. Y es a partir de los acontecimientos suministrados por las vanguardias en el mundo y por la situación artística en América Latina, que el devenir del arte no es ajeno al espíritu de su tiempo y la educación artística se hace eco del impulso transformador. Al reponer antropológicamente el conocimiento franqueando la construcción de la posición de

---

[16] A partir de este apartado, una experiencia relacionada ha sido expuesta en el Simposio Arte y Producción de Conocimiento en América, 56° Congreso Internacional de Americanistas llevado a cabo en la Universidad de Salamanca en el mes de julio de 2018.

la "modernidad", la educación artística en un papel protagónico, vuelve los ojos hacia la exaltación de todo aquello de carácter propio. En la cátedra, el conocimiento -en tanto contribuye a la deconstrucción en la contemporaneidad- se inclina hacia la recuperación del subjetivismo, lo familiar y el contexto institucional de las nuevas miradas de las universidades, contra las pretensiones del cientificismo artístico que se institucionalizara en las academias.

A partir de las transformaciones que surgieron hacia finales del siglo XX, crece la necesidad de un nuevo rumbo de la enseñanza del arte e se inicia un camino de transformaciones que incluye al arte como una forma de conocimiento. La UNA introduce el concepto en torno al significado de una ideología pedagógica, la cual hace referencia a algún tipo de compromiso: un "sistema" de ideas, creencias o valores sobre la realidad social; en consecuencia, la educación artística en el momento de su creación, advierte los cambios y movimientos estéticos que se producen en el país y en Latinoamérica. La metodología aparece anclada en una enseñanza fundamentada en articulación con la formación teórica, desechando la idea de genio movido por la inspiración y el talento heredado. De esta manera, las ideas educativas de los talleres de OTAV dan predominio al conocimiento que tiene un lugar de privilegio y es valedero tanto en la producción como en la apreciación.

En torno a los sentidos sobre arte y conocimiento

A partir de las investigaciones sobre creatividad, los aportes del cognitivismo y las teorías sobre la inteligencia que han abonado a la idea del arte como otra forma de saber y que lo concibe como una experiencia organizada, se abre la posibilidad de pensar al quehacer artístico como una forma de conocimiento. Al mismo tiempo, de la mano de las teorías de la comunicación y las nuevas tecnologías, se incorpora a las subjetividades en diversos contextos, valiéndose de estas tecnologías o incorporándolas interdisciplinariamente, ya sea integrando nuevas áreas o como recurso (Agirre Arriaga). De esta manera, la educación artística busca su espacio en la universidad superando la polaridad cartesiana: el arte como ámbito de la sensibilidad, la ciencia como ámbito de la razón. Si en parte el arte es conocimiento, producción y apreciación, logra integrarse como ámbito de estudio de la educación artística en la universidad. Este modelo de educación artística podría superar la dicotomía proceso-producto, entendiendo la relación entre ambos como dos aspectos de un mismo hecho. En otros términos, en relación con este otro modo de vincular proceso y producto, se puede afirmar que se atiende a los saberes, a lo procedimental, al oficio y a la técnica en función de una retórica de la imagen. En consecuencia, apuntamos a la conceptualización de lo artístico y sus lazos con el conocimiento, la investigación, las elecciones temáticas, la experimentación, los métodos y los procedimientos de trabajo, los materiales y las herramientas. Son entonces encadenamientos que constituyen un campo de estudio y creación que rescatan la subjetividad de quien produce y crea.

Rumbos del arte y el conocimiento

Desde nuestra perspectiva pedagógica, conocer y crear recorren un camino paralelo. Desde el enfoque de las neurociencias, el conocimiento resulta de la activación de estímulos perceptivos y mnemónicos, de conexiones sinápticas del cerebro a través de los cuales se crean constantemente imágenes. A partir de teorías tradicionales, el conocimiento reconoció diversas perspectivas: considerando su posibilidad, tanto el dogmatismo, el escepticismo y el relativismo, compitieron por su validez; a partir de su origen, el racionalismo, el empirismo o el intelectualismo disputaron su importancia; en relación con su esencia, objetivismo y subjetivismo abrieron debates en su historia o en la condición de disciplina filosófica. Si bien en el trayecto de la formación los estudiantes pueden transitar diversos modos de conocer y múltiples procesos para acceder al conocimiento y cimentar la creación por la imagen, la elaboración de estos cruces —crear/conocer— constituye una matriz relacional compleja. Tanto desde la psicología, la antropología y las ciencias de la cognición, los procesos de creación y conocimiento recorren un camino relacionado y que en cada individuo se particularizan. Como a lo largo de su obra lo reconoce Bruner, este camino excede los límites del pensamiento lógico, inductivo, deductivo, analítico y convergente. Así, el arte es una forma entre las muchas que favorecen que el estudiante de arte explore tanto aquello que constituye su subjetividad, su mundo interior y los entornos familiares, como los mapas de lo social y las circunstancias institucionales en las que habita. Ámbitos de su mundo interior, de la constelación familiar de la que forma parte y del contexto institucional que lo incluye y lo comprende, sin abandonar la dimensión estética, sensible, poética y expresiva que es propia del hacer artístico. Expresión que se manifiesta en las relaciones que se establecen entre lo autorreferencial, con el mundo -su mundo, los mundos- a través de redes cognitivas, y el universo afectivo por medio de los cuales la información se procesa y las imágenes surgen. El pensamiento se constituye como una red y desde los distintos lenguajes: letrado, corporal, musical y audiovisual. Con las particularidades de cada uno de ellos, orienta a los estudiantes a la conquista y el desarrollo de sus capacidades, a fin de ampliar el acceso a procesos cognitivos y sensibles de acción y de reflexión.

Arte y conocimiento en la universidad

Una primera aproximación al intentar vincular arte y conocimiento, implica cuestionar tanto aquellos principios académicos de las universidades dedicadas a la enseñanza del arte, como las reglas cuyos principios condicionaron estilos y criterios estéticos. Dicho cuestionamiento nos revela que la tarea de comprender esta problemática de la enseñanza del arte en la cátedra de OTAV, implica un posicionamiento clave: un crear y un pensar que incluya la percepción, la interpretación, el hacer, la reflexión en torno a los paradigmas que surgen a partir de los hechos de la propia subjetividad. Los procesos de subjetivación y lo familiar en tanto portadores de intereses y valores, y la inserción en la vida universitaria, apuntan al desarrollo del campo de políticas educativas, sociales y culturales. Así entendida, la enseñanza del arte en la instancia de formación universitaria de esta cátedra, en sus distintas manifestaciones, atiende a un amplio campo de conocimientos que se materializa –en nuestro caso, en las artes visuales-, y se va componiendo en dinámicas de acervo y reconocimiento de lo propio –lo subjetivo, lo familiar- pero también en la ruptura permanente con modelos, en algunos casos fuertemente edificados.[17] Este impulso propuesto por la cátedra posibilita que los estudiantes de OTAV trasciendan el sentido del límite incorporado e impuesto, y nos permite observar esa singularidad epistemológica de las artes. En tanto el arte deja de ser una práctica de lo sensorial únicamente, sino que resulta "otro modo" de la conformación de las estructuras de pensamiento, esa praxis busca examinar las formas simbólicas que la sociedad va edificando. Las diversas prácticas artísticas que hacen viable la construcción del conocimiento amplían los marcos de referencia y multiplican los aspectos de la realidad en que los estudiantes, viven, crean y se relacionan; en otros términos, tejen los múltiples aspectos de la realidad y los mecanismos para que esas relaciones puedan ser establecidas.

---

[17] Ver apartado *Materia, método*.

Artes y producción de conocimiento

Investigación y experimentación

¿Qué buscamos conocer, investigar y experimentar en el campo del arte y en la cátedra de OTAV? ¿Qué referencias, ideas, relatos, señales proponemos recoger en la cátedra y qué variables involucradas en la investigación y experimentación se producen? Referencias, relatos y señales, pero fundamentalmente *la imago* aportada por tres ejes temáticos: el Yo, la Familia y la Universidad.

Las investigaciones y la experimentación han sido patrimonio de las ciencias y están tradicionalmente ligadas al concepto de verdad. Por tradición, toda obra de arte expresa visible, aguda o sutilmente, los sentimientos y emociones, nos dice también su encaje en la naturaleza de la vida sensible, su representación de la experiencia vital, física, emocional y fantástica. Pero el arte permite conocer. Este conocimiento no siempre encuentra su curso por medio de la discursividad verbal (discurso que se articula con conocimientos elaborados por las ciencias del lenguaje) o ésta resulta parcial para comunicar la vida afectiva. Los lenguajes se separan de la realidad a través de selecciones de sucesos, objetos y estados a los que da nombres, y en el campo de lo visual lo hace a través de factores formales y factores tonales. ¿Qué sucede en el lenguaje de las artes visuales? ¿Cuál es la herramienta para la exploración y la práctica? ¿Qué lugar tiene allí la forma y la materia? ¿Cuáles son los métodos y procedimientos?

Materia, método

La primera hipótesis frente a la "hoja en blanco" es que la materia tiene la fuerza y las posibilidades en tanto herramientas constituidas en un archivo propio, personal, subjetivo. Rica en posibilidades gestuales, es constituyente de la invención y de un potente descubrir. La materia a través de la cual se logra la imagen, surge de la compleja vitalidad en que el soporte y los óleos, témperas, acrílicos, telas, recortes, papeles, temples, acuarelas y fotografías, van encontrando la intención ordenadora que el conocimiento produce; se hace significado estético y muestra, en su condición de forma realizada, la legitimidad de la operación que conforma lo creado como objeto estético comunicante. En el trabajo cotidiano, en cada propuesta, se estudia activamente la materia, se la observa, se advierte su comportamiento y sus reacciones; se "la examina" para poder disponerla sobre la tela y obtener de ella sus latentes posibilidades.

Frente al desafío de enfrentar el soporte "en blanco" se pone en funcionamiento un archivo de experiencias propias de la subjetividad en diálogo con las temáticas propuestas por la cátedra y con el Yo, lo Familiar y la Universidad, y se abren universos y procesos de investigación, de reflexión y saberes, conocimientos, significaciones; en síntesis, la "semiosis". A partir de la metodología, es posible conocer y comprender el porqué de nuestras acciones. Las acciones y abstracciones en el campo visual, surgen a través de la metáfora visual. La metáfora visual, en un sentido más estricto de la metáfora en el arte y la "aisthesis", son modos de redescripción de la realidad, formas de hacer mundos, sean los que referencian al propio yo, al mundo familiar o a la producción visual del mundo que habitamos haciéndolo más reconocible. Tanto la aisthesis, en tanto proceso que involucra al ser vivo en tanto sujeto abierto al mundo, como la semiosis implican vivir en sociedad y dirigir la energía hacia la construcción de realidades y de identidades personales y colectivas.

En cuanto al método de trabajo para los tres ejes, nos hemos valido de la fotografía. La fotografía da lugar al inicio de un proceso de averiguación e interés por el estímulo a conocer, ese proceso sobre el momento "único", suspendido en el tiempo, que combina la percepción inmediata con lo ya sabido y desemboca en el lenguaje, a veces de la sorpresa, otras, de la pregunta, como frente a cualquier objeto estético (Martelli, 2014, 135). El dispositivo fotográfico, cualesquiera que puedan ser sus innumerables formas, descansa sobre algo que el estudiante se encamina a conocer: la imagen fotográfica ha captado el tiempo para restituirlo. Lo importante en el caso del registro fotográfico de un momento en la vida familiar es esta cuestión del tiempo. En el trabajo con el tiempo sobre lo familiar y la herencia, confirmamos que en una foto hay tiempo incluido, encerrado y que sigue mostrándonos lo que ha sido, lo que ya no es o, en las poéticas palabras de Barthes, en referencia al "punctum" que no está en la forma sino en la intensidad, "el desgarrador énfasis del noema 'esto-ha-sido', su representación pura" (146). La fotografía transmite el tiempo del acontecimiento, el dispositivo asegura esa transmisión, lo que se vincula con las particulares formas de relación entre generaciones. La necesidad de conservar, recuperar o restaurar la transmisión surge como la ilusión de dar continuidad a un mandato de un tiempo respecto del cual hay una intención de conocer, transmitir y recuperar. La fotografía es el reencuentro con el momento y exhibe su poder temporal al punto tal que acepta deliberadamente registrar ese instante para encontrar en él un tiempo en estado "puro", también como reconocimiento de los cambios. Las imágenes fotográficas tienen a su cargo, a veces secundariamente, la función de dar una información, un saber y de propiciar el conocimiento sobre el tiempo del suceso.

Las vicisitudes del yo

Al proponer ideas para trabajar visualmente con el *yo*, las palabras y las imágenes[18] dan cuenta de un terreno de turbaciones y en ocasiones, de crisis. A través de una gramática del relato visual, se ingresa en un mundo de signos de una historia personal que lo construye, vestigios en sentido metafórico, que hacen aportes a la sensorialidad frente al razonamiento.

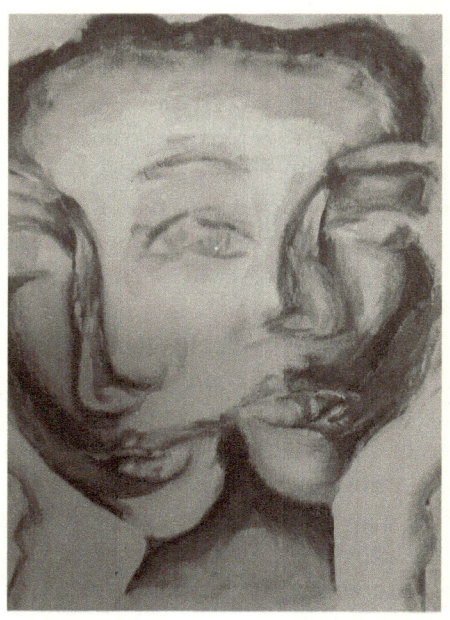

Coexistencia (Rocío Martínez Santamaría, 2017)

Es en este derrotero que la reflexión acerca del arte como conocimiento promueve la comprensión sobre la forma en que el arte está construido, de qué maneras impulsa un orden del saber diferente a aquél en que estamos educados; en el lenguaje que – al decir de Oliveras- nos habla de esa precariedad de la figuración literal. Nos resulta clave, para ello, ana-

---

[18] De las numerosas obras producidas, sólo acompañan este trabajo tres imágenes de los estudiantes de primer nivel de estudios de la OTAV sobre las temáticas propuestas.

lizar la metáfora, ya que es uno de los procedimientos fundamentales propios del arte. Se da en la metáfora una potencialidad creadora y forjadora que opera sobre las formas en que percibimos y conceptualizamos la realidad que nos rodea. Por lo tanto, el abordaje de la cuestión de la metáfora visual que exprese el *yo* permitirá dimensionar al arte como una forma particular de producción de significados y de conocimientos que implican un trabajo de interpretación, trabajo individual y subjetivo que, como todo hecho comunicativo de la subjetividad, da cuenta de la singularidad de su producción y resulta de saberes y de deseos propios en un contexto familiar/social.

Familias: heterogeneidad y singularidad productoras de imágenes

Los Ingalls, Los Simpson, los Picapiedras, Los Locos Adams, estas imágenes —no sólo visuales- ¿alcanzan a explicarnos la singularidad de las familias en las sociedades occidentales? Más allá de las actuales transformaciones de las familias, son rostros para descifrar e ir avanzando en nuestro destino, que van confirmando una inagotable capacidad para que ese *yo* del que, en alguna medida hemos dado cuenta a través de imágenes, vaya construyendo la operación de individuación y subjetivación. Complejo tutelar o de liberalización avanzada, pocos ven en la familia la forma esencial de la organización social. Esta definición de la familia no es tampoco de nuestro interés, más allá de que sea generadora de imágenes y conocimientos que incentiven las producciones.

Al pensar en la imagen familiar lograríamos, a primera vista, no ver más que un fuero miniaturizado, como si pudiéramos conocer, reconocer y ver con una lupa un espacio, personajes, testigos presentes o ausentes, gustos. Conocer o descubrir a la madre en el espejo, observar una taza de té, recordar la caja de botones de la abuela, evocar el abrazo del padre, registrar ese gato indómito, solitario e independiente que suele no encontrarse nunca por la casa pero si ser captado en las imágenes. Como clones de la realidad: botones, espejos, gatos se cruzan con recuerdos, memorias, biografías, relatos, historias que conquistan los rincones de memorias colectivas, recuerdos personales, sensaciones y reflexiones que determinado territorio les suscitan.

Intersticios donde metafóricas cámaras fotográficas entran en herencias más amplias. Es entonces que el desarrollo de la percepción y el oficio en el trabajo visual es el que permite la producción de estas metáforas que respaldan la producción de símbolos y pueden producir a su vez, conocimiento.

Artes y producción de conocimiento

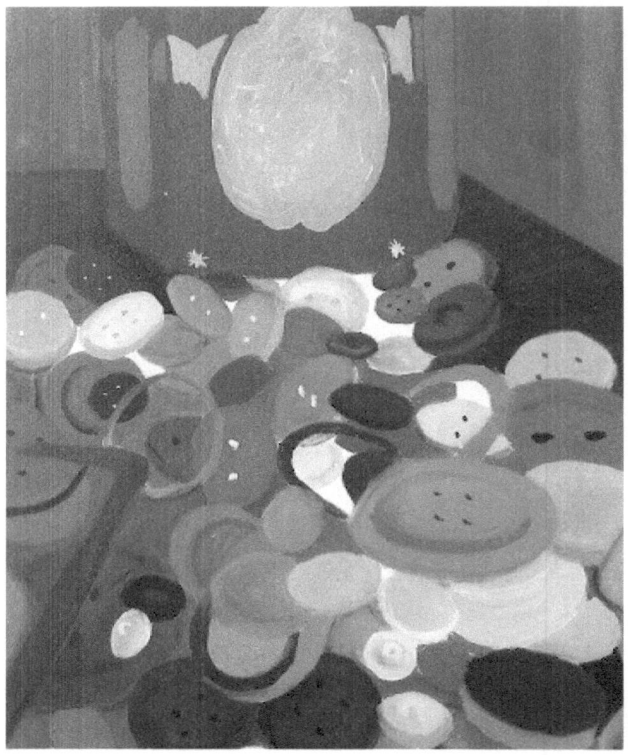

Caja de recuerdos (Ana Julia Narvarte, 2017)

La universidad, el mapa estratégico de lo social

Bancostes, témperas, libros, pinceles, buriles, mesas de trabajo habitan nuestra universidad. Recorrerla y ver en la luz, no sólo aquella metáfora del conocimiento que acuñó el Iluminismo, si no todo aquello que como imagen nos ha atravesado y sigue en ocasiones como rumbo rector. La universidad contiene ese fenómeno histórico, simbólico y problemático de la revolución del conocimiento. "*Sapere aude*" ("¡Atrévete a saber!") Occidente ha retenido a la luz como la figura protagonista, aquella Ilustración, que en algunos países se prolongó hasta mediados del siglo XIX y se denominó de este modo por su declarada finalidad de disipar las tinieblas de la ignorancia de la humanidad mediante las luces del conocimiento y la razón. La polémica que desata este movimiento intelectual histórico se arbitra, en nuestra cátedra, planteando tanto formas de producir conocimiento u otros saberes, como los modos que ponen en juego diversas formas de apropiación del mundo. La luz engendra atisbos, indicios, siluetas, contornos, perfiles, apariencias, rincones, ángulos, sinuosidades y artificios. En los trabajos en la cátedra OTAV, sobre la sombra, apariencia incierta de los objetos, como en la novela de Peter Pan (quien pierde su sombra), hay un intento de encontrarla, de capturarla, de detener lo que sabemos que desaparecerá. Pero antes, es imperioso buscar los objetos en una sombra, en ese silencio inquietante que la genera; es imprescindible atraparla en la tela o el papel para conferirle cualidad estética.

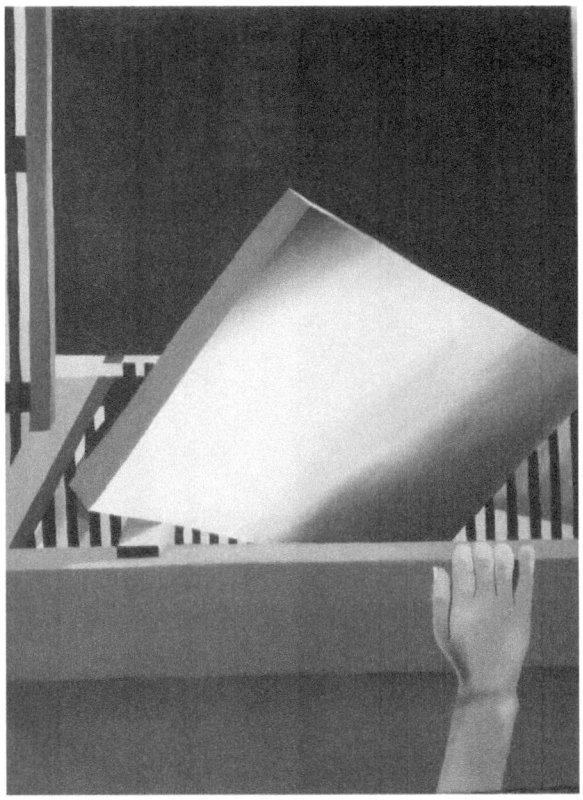

Interrupciones (Martina Pineyrua, 2017)

Abrir la posibilidad a experiencias que, en ocasiones, quedan usualmente excluidas de las temáticas académicas, facilita también lo que con ellas se puede hacer: la expresión singular. Experiencia que está al alcance

Artes y producción de conocimiento

de los estudiantes universitarios que participan de la vida cotidiana e ingresa a nuevos registros y saberes olvidados, desestimados. Un banco, la ventana por la que entran al taller la luz y sus sombras, el entorno urbano, la bicicleta que es medio de transporte habitual, un objeto, la mesa o el caballete, entran en la categoría de objetos estéticos o conceptos que fueran desatendidos en tanto formas artísticas. Nuestros conceptos estructuran lo que percibimos, cómo nos movemos en el mundo, la manera en que nos relacionamos con los objetos. Como lo advierte Lakoff, nuestro sistema conceptual desempeña un papel central en la definición de nuestras realidades cotidianas y es, sobre todo, metafórica. La manera en que pensamos, lo que experimentamos y lo que hacemos –y creamos- cada día también es, en gran medida, metafórico. En el modo en que los conceptos que administran nuestro pensamiento no son simplemente asunto de la condición intelectual, otorgan también el funcionamiento de nuestra vida cotidiana y nuestra capacidad cognitiva y creadora.

Al traer al lenguaje de la forma y el color, sujeto, familia y universidad, se captura el conocimiento de las cosas y también se trae, en su semántica, un discurso estético y poético.

Bibliografía

Agirre Arriaga, Imanol. *Teorías y prácticas en educación artística. Ideas para una visión pragmatista de la educación estética*. Universidad Pública de Navarra, 2000.
Appel, Michael. W. *Ideología y Currículo*. Madrid, Ediciones Akal, 1986.
Barthes, Roland. *La cámara lúcida*. Buenos Aires, Paidós comunicación, 2003.
Berger, John. *Modos de ver*. Barcelona, Editorial Gustavo Gili, 2000.
Bruner, Jerome. *El proceso mental en el aprendizaje*. Madrid, Narcea Ediciones, 2001.
---. *Acción pensamiento y lenguaje*. Madrid, Alianza Editores, 1998.
---. *Desarrollo cognitivo y educación*. Madrid, Morata, 1988.
---. *El Proceso de la Educación*. Colecciones Manuales UTEHA, Serie Educación, N° 17. México DF, Unión Tipográfica Editorial Hispano-Americana, 1968.
Burucúa, José Emilio. "Prólogo. Historiografía del arte e historia". *Nueva Historia Argentina* Vol. I. Buenos Aires, Editorial Sudamericana, 2010, pp. 11-38.
Dewey, John. *Experiencia y educación*, Madrid, Editorial Biblioteca Nueva, 2010.
Döring, Sabine. "Emoción y Razón en Investigación y Ciencia". *Cuadernos M y C*, no. 2, Mayo/Agosto, 2012.
  https://www.investigacionyciencia.es/revistas/cuadernos/emociones-2012.
Dondis, Donis. *Sintaxis de la imagen*. Buenos Aires, Gustavo Gili, 1992.
Efland, Arthur, Kerry Freedman y Patricia Stuhr. *La educación en el arte posmoderno*. Barcelona, Paidós, 2003.
Efland, Arthur y Patricia Stuhr. *Una historia de la educación del Arte*. Barcelona, Paidós, 2000.
Eisner, Elliot. *Cognición y currículum*. Buenos Aires, Amorrortu, 1998
---. *Educar la visión artística*. Barcelona, Paidós, 1995.
García Martínez, José Antonio. *Arte y enseñanza artística en la Argentina*. Buenos Aires, Fundación Banco Boston, 1985.
Gardner, Howard. *Educación artística y desarrollo humano*. Barcelona, Paidós, 1994.
Hillert, Flora. *Educación, ciudadanía y democracia*, Buenos Aires, Tesis Once, Grupo Editor, 1999.

Koselleck, Reinhart. "<<Espacio de experiencia>> y <<horizonte de expectativas>> dos categorías históricas". *Futuro pasado. Para una semántica de los tiempos históricos.* Barcelona, Paidós, 1993.

Lakoff, George y Mark Johnson. *Metáforas de la vida cotidiana.* Madrid, Cátedra, 1986.

López Bargados, Alberto, et al. *Encuentros del Arte con la Antropología, la Psicología y la Pedagogía.* Manresa Barcelona, Angle, 1997.

Lowenfeld, Viktor y W. Lambert Brittain. *Desarrollo de la capacidad creadora.* Buenos Aires, Editorial Kapelusz, 1972.

Martelli, Susana. *Políticas Públicas para el Área de Educación Artística. Las Escuelas de Arte en la década del '70.* 2014. Universidad de Buenos Aires, Tesis de Maestría.

---. "Educación artística: al calor de las expectativas y los debates sobre este campo educativo en el que es ineludible operar". *Revista Espacios de Crítica y Producción*, no 46, 2011, pp. 85-93.

Montoya Veliz, Jorge. *Alexander Baumgarten. De la belleza del pensar a la belleza del arte.* Instituto de Estética, Facultad de Filosofía Pontificia Universidad de Chile, 2002. Recuperado en octubre de 2018 https://repositorio.uc.cl/bitstream/handle/11534/2947/627960.pdf.

Munilla Lacasa, María Lía. "Siglo XIX: 1810-1870". Burucua, José Emilio. *Nueva Historia Argentina* Vol. I, Buenos Aires, Editorial Sudamericana, 2010, pp. 105-160.

Oliveras, Elena. *La metáfora en el arte. Retórica y filosofía de la imagen.* Buenos Aires, Emecé, 2009.

Pevsner, Nikolaus. *Las Academias de Arte.* Madrid, Cátedra, 1982.

Rancière, Jacques. *El maestro ignorante.* Buenos Aires, Editorial Tierra del Sur, 2006.

Tatarkiewicz, Wadyslaw. *Historia de la estética.* Madrid, Akal, 1970.

Teriggi, Flavia. *Artes y Escuela aspectos curriculares y didácticos de la educación artística.* Buenos Aires – México – Barcelona, Paidós, 1998.

A democracia ditatorial do Brasil no "Escola sem Partido"

Syntia Alves
Centro Universitário: Belas Artes de São Paulo

Rubens de Souza
Universidade Metropolitana de Santos, São Paulo

Resumo

O presente artigo propõe elucidar o processo educacional brasileiro atual que vem se desenhando em retrocesso com o projeto de lei "Escola sem Partido". Para tanto, será apresentado um breve histórico da formação do sistema educativo do país, desde a colonização até os dias atuais. Além disso, o momento da ditadura será tratado para entendermos o contexto da produção de um dos mais importantes e atualmente censurados intelectuais da educação, o brasileiro Paulo Freire.

Abstract

The present article proposes to elucidate the current Brazilian educational process that has been drawing back with the "School without Party" bill. Therefore, a brief history of the formation of the country's educational system will be presented, from the colonization to the present day. In addition, the moment of the dictatorship will be treated to understand the context of the production of one of the most important and currently censored intellectuals of education, the Brazilian Paulo Freire.

> Será que nunca
> faremos senão confirmar,
> A incompetência da
> América católica
> Que sempre precisará
> de ridículos tiranos?
>
> *Caetano Veloso* (música "Podres Poderes")

Introdução

Educar não é um ato neutro. Escolhe-se o que será ensinado e para quem, define-se o que é fundamental que seja transmitido, mas também o que deve ser omitido. Na Grécia antiga, local onde nasce a pedagogia, ensina-se e se aprende que educar é um ato de fundamental importância de social e política, sendo que a educação em Esparta preparava os indivíduos para a guerra, enquanto em Atenas sua função se relacionava mais ao intelecto. Assim, entender como um Estado educa nos dá parâmetros para entender como é constituída sua sociedade, quais seus valores e o que se espera de seus cidadãos.

No presente texto serão apresentados alguns dos elementos e desafios contemporâneos da educação no Brasil, desde o processo de redemocratização da década de 1980, até o projeto de lei "Escola sem Partido". Ainda que o referido projeto não esteja em vigor em âmbito nacional, nos últimos três anos sua ideia vem ganhando força na sociedade civil e tem sido usada como bandeira política de deputados, prefeitos, governadores e até do presidente eleito no pleito de 2018. O texto faz um apanhado inicial do processo educacional no Brasil, observando as bases coloniais como referência para a formação social desde o século XVI até o XX. A partir disso, será apresentada a construção do Brasil República, a ditadura militar e a resposta a esse momento na obra de Paulo Freire. A seguir, o texto abordará o processo de redemocratização brasileira e o retrocesso em diversos âmbitos sociais, em especial na área da educação, com a criação e expansão do "Escola sem Partido".

Histórico educacional brasileiro

Ao iniciar o processo de colonização no Brasil, Portugal definiu que seu novo território forneceria matérias-primas demandadas pela metrópole. Para tal trabalho, a mão de obra escrava dos indígenas locais parecia ser ideal para o colonizador, mas era fundamental convencer o mesmo ao colonizado. Para tanto, desembarcam no Brasil, jesuítas munidos de valores europeus e medievais, transmitidos pelos religiosos aos nativos a fim de corresponder às necessidades para a sociedade que estava sendo construída pelos portugueses nos trópicos. Assim, ideias como latifúndio, trabalho escravo e aristocracia organizavam a sociedade que crescia graças à economia de base agrícola e tecnologia rudimentar, que não necessitava de uma mão de obra letrada, enquanto os setores dominantes eram compostos de poucos membros que governava para uma massa submissa e sem instrução. Desta forma, o período colonial brasileiro, que durou de 1530 a 1808, construiu uma sociedade de valores patriarcais e a autoridade sem limites dos latifundiários.

Nesse contexto social, a educação era pensada como necessária apenas para os filhos primogênitos dos donos de terras, pois seriam os responsáveis em cuidar dos negócios da família. Os jesuítas, por meio de seus colégios "de ler e escrever" como colocou Serafim Leite (1965, apud Marçal Ribeiro 16), ocuparam-se de educar as elites que viviam no território brasileiro – elite essa que em seguida partia para estudar na Europa, em especial em Coimbra, Portugal. Assim se formavam aqueles que administravam o Brasil colônia: pensando nos interesses próprios e educados a partir de parâmetros europeus. Ao mesmo tempo, a Companhia de Jesus seguia em sua missão catequizadora, conquistando novos fiéis para a Igreja Católica, ao mesmo tempo em que tornava os indígenas submissos. Desta forma, a educação no Brasil colônia não era pensada e dirigida ao povo, mas sim à formação da elite dirigente.

No século XVIII, os jesuítas são expulsos do Brasil, e ao mesmo tempo em que a mineração ganha espaço na colônia com a descoberta de ouro e prata na região que hoje é chamada de Minas Gerais. Com essa nova atividade, surge uma classe social intermediária, relacionada ao comércio e se concentrando em zonas urbanas. No século seguinte, a sociedade brasileira passa a se estratificar de forma ainda mais complexa, e nessa nova organização, a burguesia passa a reivindicar sua posição social, exigindo participar da educação escolarizada. Assim, no século XIX, a burguesia emergente no território da colônia portuguesa passa a frequentar a escola da mesma maneira que fazia a aristocracia, e dessa forma recebe a mesma educação que a elite da sociedade. O modelo de educação do Brasil colônia, que interessava às elites dominantes portuguesas, manteve-se durante o período do império e da república, sem sofrer alterações estruturais.

A relação que nasce nesse momento é contraditória: ao mesmo tempo em que a burguesia por ser dependente das elites dominantes, compactuava com elas, recebia a influência do iluminismo europeu que contrariava as ideias da aristocracia rural (Marçal Ribeiro 17). Essa contradição entre conservadorismo econômico e liberalismo de ideias se repetirá na sociedade brasileira, influenciando na abolição da escravatura, na proclamação da República, permeará o século XX e chega até os dias atuais.

Em 1808, a Família Real Portuguesa desembarca em solo brasileiro fugindo das guerras napoleônicas e, neste momento, o que era antes colônia passa a ser capital do Império. A presença de Dom João VI no Brasil ao longo de aproximadamente uma década e meia irá alterar a sociedade e as instituições locais. Na área da educação, por exemplo, será criado o ensino superior não-teológico, a Academia Real Militar e da Marinha, o Jardim Botânico, a Biblioteca Pública e a Imprensa Régia. Porém, enquanto a política aristocrática do monarca criava novos centros educacionais, o ensino primário ficou ignorado, mantendo a população geral analfabeta e distante tanto da educação básica, quanto da universitária. Em 1822, o Brasil se torna independente politicamente de Portugal, de fato evidencia a necessidade de formar mão de obra capacitada para os cargos administrativos do país. Ao longo do século XIX, no Brasil, o ensino secundário tinha como característica principal preparar os alunos para ingressar nas escolas superiores do país e do exterior, mantendo o povo longe da classe dominante – cada vez mais preponderante econômica e culturalmente.

O modelo de sociedade desenvolvido no Brasil colônia irá se manter ao longo do período imperial e chegou até a República, proclamada em 1889. E assim como a sociedade não se altera, também não se altera o modelo econômico e o sistema educacional do país. "Do ponto de vista cultural e pedagógico, a República foi uma revolução que abortou e que, contentando-se com a mudança do regime, não teve o pensamento ou a decisão de realizar uma transformação radical no sistema de ensino para provocar uma renovação intelectual das elites culturais e políticas, necessárias às novas instituições democráticas". (Azevedo 134).

Apenas no século XX, registrou-se alguma ampliação no ensino secundário, mas esse se deu apenas no setor particular, enquanto no público, ainda que tenha se observado aumento do número de docentes, o número de escolas e matrículas de alunos diminuiu, ampliando a força do ensino privado no país – procurado pela elite por apresentar um nível educacional mais elevado. Mesmo durante a República, o Brasil manteve sua base econômica e social no setor agrícola, com meios de produção primários, não necessitando, portanto, de mão de obra escolarizada. E ao longo da década de 1910, o governo do país não se interessava em ampliar o acesso à educação para os setores mais populares da sociedade, mantendo a elite como a camada escolarizada e, dessa forma, seguindo com a administração do Brasil nas mãos.

Apenas na década de 1920, haverá um início de mudança nesse cenário. Com o declínio das oligarquias, em virtude da crise do modelo econômico agrário e o impulso para a industrialização, a burguesia do país se fortaleceu. Ao mesmo tempo em que o Brasil mudava economicamente, surgem novas linhas de pensamento político, como o Partido Comunista, artístico, como o Modernismo da Semana de Arte de 1922, e pedagógico, com o surgimento do movimento Escola Nova. Com o Escola Nova, educadores deixam de ser coniventes e passaram a denunciar o analfabetismo e problemas da educação:

> O escolanovismo vai buscar na Europa suas origens, onde já no século anterior uma sociedade industrializada se preocupava com a individualidade do aluno. No Brasil, os pioneiros da Escola Nova defendem o ensino leigo, universal, gratuito e obrigatório, a reorganização do sistema escolar sem o questionamento do capitalismo dependente, enfatiza a importância do Estado na educação e desta na reconstrução nacional. Como solução para os problemas do país, apelam para o humanismo científico-tecnológico, ou seja, convivência harmoniosa do homem com a máquina, criando-se condições para que os indivíduos convivam com a tecnologia e a ciência, fazendo-os entender que tudo isto está a serviço e disponibilidade do homem. (Marçal Ribeiro 19).

Ao longo das décadas de 1930 e 1940, o país presenciou o aumento do conflito entre a oligarquia cafeeira e a burguesia industrial, as duas classes dominantes naquele momento, e a queda do setor agrário-comercial-exportador. Também surge, resultado das primeiras décadas do século XX, a contraposição entre os valores católicos, intrínsecos à população desde a chegada dos jesuítas para a colonização, e os ideias liberais que se fortaleceram no Brasil na década de 1950. Assim, a escola particular passou a ser protegida pela Igreja Católica, que defendia que a escola pública apenas desenvolvia a inteligência e oferecia o conhecimento formal, mas não via o aluno de forma integral, por isso não era capaz de formar o caráter do indivíduo. Segundo esse pensamento, a escola pública, considerada como liderada por comunistas inimigos de Deus, da família e da Pátria, "não educava", e somente a escola confessional estava apta a exercer essa função, a partir da filosofia integral da vida. E nesse contexto de sociedade em emergente disputa econômica e crescente conflito social, o Brasil caminha para década de 1960 e em 64 acontece o golpe militar dando início a 20 anos de ditadura.

A ditadura e Paulo Freire

Em 1964, militares deram um golpe de Estado, assumindo o poder e implantando a ditadura (1964 – 1985) com o apoio de grupos empresariais e políticos ligados ao capital e interesse estrangeiros, em especial os norteamericanos. Inicialmente, o grupo de militares se empenhou em recuperar a economia para as elites dominantes, mas também impôs uma série de restrições e controle social, como é possível constatar na Lei nº 5.540, de 28 de novembro de 1968:

> Art. 48 - O Conselho Federal de Educação, após inquérito administrativo, poderá suspender o funcionamento de qualquer estabelecimento isolado de ensino superior ou a autonomia de qualquer universidade, por motivo de infringência da legislação do ensino ou de preceito estatutário ou regimental, designando-se Diretor ou Reitor pro tempore (Brasil, 1968).

A falta de liberdade e democracia incomodava parte a sociedade, e ao longo da ditadura eclodiram guerrilhas, tanto no âmbito urbano, quanto no rural, lideradas por estudantes e pela classe trabalhadora. Uma série de leis foi decretada pelo governo com a intenção de reprimir de forma eficaz toda manifestação por parte dos diversos setores sociais. O Ato Institucional nº 5 de 13 de dezembro de 1968 (mais conhecido por AI-5), extinguiu todas as liberdades individuais do cidadão e deu plenos poderes ao presidente da República.

Nesse cenário de intensa repressão, professores e alunos também se viram sob o alvo dos militares. Em 1969, o decreto-lei 477 proibia o corpo docente e o corpo discente de qualquer manifestação política, com perigo de serem enquadrados na Lei de Segurança Nacional. Mais diretamente relacionado à educação, o decreto-lei 574/69 proibia as instituições de reduzir suas vagas, permitindo, no entanto, que estas fossem redistribuídas pelos cursos; a lei 5741/69, que estabelecia vagas limitadas no nível superior; a lei 5540/68, referente à reforma universitária. Ou seja, as instituições, durante o período militar, não contavam com autonomia tampouco para organizar o número de alunos, cursos ou organizações curriculares. Mas os militares fizeram uma reforma do ensino superior, redigida em setenta dias e sem consultar ou pedir propostas aos docentes ou aos estudantes. Essa reforma do ensino superior se baseava no modelo universitário americano, visava fazer o ensino superior brasileiro acompanhar a modernização econômica que o Brasil trilhava seguindo os Estados Unidos. Porém, nessa suposta modernização, o que realmente aconteceu foi que o Brasil importou os produtos de tecnologia muitas vezes superada, mas não se apossou do conhecimento científico e tecnológico, o que tornou o Brasil ainda mais dependente das potências internacionais.

Dois anos antes do golpe militar, o educador e filósofo Paulo Freire, lançou seu método que é capaz de ensinar uma pessoa adulta a ler e escrever em 45 dias. Esse método não foi revolucionário apenas do ponto de vista da educação, mas principalmente do ponto de vista política. Naquele momento, o cidadão analfabeto era impedido de votar, e o mais revolucionário do movimento de Freire foi capacitar 20 milhões de pessoas adultas do nordeste do Brasil (em um total de 35 milhões) a tirar o título de eleitor, desafiando o controle que os latifundiários e senhores de engenho nordestinos exerciam sobre a população iletrada. Mas o programa de Paulo Freire, que pretendia erradicar o analfabetismo de todo o país, foi interrompido pela ditadura militar, que fez de Freire um dos primeiros presos e exilados da ditadura brasileira.

Ao longo dos 16 anos que esteve exilado, Paulo Freire buscou conhecer e colaborar com a educação dos países pelos quais passou. Não há consenso entre os estudiosos de Freire sobre a influência do período do exílio em seu projeto. Enquanto alguns acreditam que ao sair do Brasil, Paulo Freire interrompeu seu movimento de alfabetização nacional, outros pensam que o afastamento foi um período de reflexão e produção. Para Aparecida de França Villwock, "do período do exílio culminou como obra preponderante de seu trabalho a *Pedagogia do Oprimido*, o qual ele expõe a sociedade quando retorna ao Brasil após a ditadura" (4). Ou seja, mesmo de fora do Brasil, Freire pensa e denuncia a ditadura vigente. Em

Artes y producción de conocimiento

sua obra, a partir de sua formação marxista, Freire analisa a sociedade brasileira como sendo dividida em classes sociais, na qual o domínio exercido por aqueles que estão em situação de poder coloca uma grande maioria sob ordens e decisões das quais não pode participar. Assim, em a Pedagogia do Oprimido, Freire coloca que a opressão de classe não está apenas na questão econômica, mas também quando as classes desprovidas de poder econômico também não são respeitadas em suas manifestações culturais. Assim, o sujeito oprimido é aquele que, por não ser considerado socialmente, não tem voz, e, portanto, não participa como agente ativo da história.

A Pedagogia da Libertação de Freire pensa uma educação que seja consciente e crítica, que tenha como objetivo mobilizar a luta para transformar a sociedade, e por isso podese afirmar que Paulo Freire não criou um projeto pedagógico, mas um projeto político-pedagógico. Segundo o próprio autor "além do estudo do conhecimento da aquisição de habilidades, a escola tem papel fundamental na construção de sujeitos autônomos, críticos e em condições para lutar pela transformação da sociedade" (Freire 38). Pois torna-se necessário, neste cenário, compreender que a escola está inserida no contexto da divisão de classes e com isso, com suas contradições. É nesta ocasião que Freire afirma dizer, que é a "reflexão e a ação dos homens sobre o mundo que faz a transformação acontecer, sem esses dois atos a superação da condição opressor e oprimido é impossível." (38)

A aproximação com a obra de Freire não deixa dúvidas dos motivos que fizeram com que ele, e principalmente sua obra, fosse perseguido pela ditadura, ou como ele mesmo colocou em uma entrevista concedida em 1989, para a TV Cultura: "evidentemente, eu fui preso e exilado por causa da ditadura. A ditadura militar de 1964 não só considerou, mas disse por escrito e publicou que eu era um perigoso, subversivo internacional, um inimigo do povo brasileiro e um inimigo de Deus". Quando a ditadura militar se aproxima do fim e a anistia, Paulo Freire volta ao Brasil, em 1980. Ao retornar, o autor afirmou que os dezesseis anos fora exigiam uma aprendizagem e uma maior intimidade com o Brasil que ele encontrou. Mas não era apenas ele quem precisava reaprender sobre o Brasil, mas os brasileiros e suas instituições. O processo de redemocratização promete a volta da liberdade e da democracia, mas antes disso foi preciso encarar o que o período militar deixou de marcas na sociedade, incluindo a área da educação.

É curioso notar, que a educação básica brasileira não adota, geralmente, os fundamentos de Freire, como por exemplo, práticas mediadas pelo diálogo, proposições de leitura do mundo, reflexões sobre aspectos sociais, interligação de conteúdos apresentados com as problemáticas da atualidade. O método Paulo Freire surgiu a partir da alfabetização de adultos, em relações sensíveis entre o ensino/ aprendizagem e a contextualização do indivíduo em seu meio e a desigualdade social que resulta em opressão e subserviência. Vale enfatizar que suas teorias surgem no período da ditadura militar. Passados cinquenta anos do lançamento do livro *Pedagogia do Oprimido*, o Brasil vivencia uma realidade política, onde os ideais conservadores ressurgem na sociedade, negando todo tipo de pensamento contrário, em níveis preocupantes, pois compromete a estruturas democráticas em nossa sociedade.

Será importante mencionar Paulo Freire, por sua resistência e relevante contribuição para a educação brasileira. Vale destacar que anterior a Constituição brasileira de 1988, o oferecimento da educação básica, no Brasil era desigual e o acesso ao ensino superior restrito. O acesso à universidade pública era restrito às camadas mais ricas da sociedade e mesmo as instituições particulares eram elitistas.

Redemocratização e retrocesso

Durante o período militar de 64 a 85, a educação brasileira amargou índices preocupantes, como alto nível de analfabetismo infantil, liberdade de ensino, universalização da educação básica, elevados índices de reprovação, falta de vagas na pré-escola e baixo investimento na educação. A Constituição de 1988 veio reparar os desmandos deixados pelo período militar, recuperando a autonomia universitária, ampliando e oferecendo acessos a educação. O Art. 212 dessa Carta determinara que o investimento em educação nunca inferior a dezoito por cento da receita resultante de impostos, para a manutenção e o desenvolvimento do ensino. Ainda, a garantia de que a Educação é direito de todos e dever do Estado e da família. Principalmente, nos grandes centros, o analfabetismo foi praticamente extinto e houve de fato investimentos na educação básica ao ensino superior. No entanto, a educação básica, primordialmente o ensino médio apresentava e apresenta até hoje comprometimentos no processo de ensino/aprendizagem. O egresso do ensino médio teve grandes dificuldades de inserção ao mercado de trabalho e o seu patamar de conhecimento estava no nível instrumental.

Com relação ao processo político, a democracia no Brasil seguiu tropeçando ao longo da década de 1990. O primeiro presidente eleito democraticamente, Fernando Collor de Melo, é denunciado por envolvimento em corrupção, foi afastado do cargo e ao longo do processo, Collor renunciou. No processo contra Collor, um movimento essencialmente estudantil chamo atenção, os "caras-pintadas". Organizado principalmente pela União Nacional dos Estudantes (UNE) e pela União Brasileira dos Secundaristas (UBES), o movimento teve como objetivo abalar o poder do presidente e logrou reunir a marca de 750 mil pessoas[19] em uma passeata em São Paulo, em 18 de setembro de 1992. A partir desse momento, os estudantes do país seguiriam se mobilizando, porém, a educação também ganhou espaço como perigosa para os setores conservadores e oportunistas da sociedade.

O ano de 2015, a sociedade brasileira enfrentaria nova crise econômica e política, a partir da impopularidade da então presidente Dilma Rousseff. Nesse período, Dilma Rousseff perde ampla maioria de sua base aliada de políticos no Congresso Nacional, e contava apenas com apoio de movimentos sociais e integrantes das centrais sindicais vinculadas à Central Única dos Trabalhadores (CUT). A crise econômica resulta no rebaixamento das notas de risco de investimento, adotados por Agências Internacionais, a notícia afugenta novos investidores. A presidente Dilma não consegue articular, junto aos congressistas novas propostas e leis, que supostamente reverteriam o *status quo*. Surgem novos movimentos populares em oposição direta à Dilma, entre ele o Movimento Brasil Livre (MBL), que conquista notoriedade e consegue influenciar boa parte da população. O MBL defensor do neoliberalismo recebe apoio de alguns partidos políticos que articularam o impedimento político da presidente.

Diante desse conflito político e econômico nacional, o Governo do Estado de São Paulo elabora um projeto de reestruturação da rede pública de ensino, que estabeleceria radiais mudanças nas unidades escolares. A ideia inicial era separar os ciclos escolares, (Ensino Fundamental anos iniciais, Ensino Fundamental anos finais e Ensino Médio), com isso mais de 90 escolas seriam fechadas e sua estrutura física serviria para outras funções para a área da educação. O projeto mobilizaria 311 mil estudantes e 74 mil professores, que deveriam se reorganizar nas 1.464 escolas pertencentes a esta reestruturação. Inconformados com a situação, os estudantes secundaristas iniciaram movimentos, protestos e ocupações das escolas estaduais de São Paulo. Os Estudantes Secundaristas organizaram uma ocupação jamais vista no país. Geraldo Alckmin, governador

---

[19] https://super.abril.com.br/blog/superlistas/7-manifestacoes-que-tomaram-as-ruas-do-brasil/.

do estado de São Paulo, na época reagiu determinando força policial contra os estudantes.

Houve comoção social, pois a força policial era desproporcional frente aos adolescentes secundaristas. Vale destacar que durante a ocupação das escolas, os adolescentes coordenaram rotinas de atividades nas escolas, para limpeza e zeladoria do prédio público, uma vez que as atividades escolares estavam interrompidas. O então Governador Alckmin pediu à Justiça reintegração de posse das primeiras escolas ocupadas, porém não obteve amparo legal. Rapidamente, as ocupações se espalha-ram para outros estados da união e ganhavam apoio de outros movi-mentos sociais, como: Movimento dos Trabalhadores Sem – Teto (MTST), Sindicato dos Professores do Ensino Oficial do Estado de São Paulo (APEOESP), União Brasileira dos Estudantes Secundaristas (UBES), Associação de Pai e Mestres (APM), e a União Nacional dos Estudantes (UNE), ligada ao ensino superior. Somente o Estado de São Paulo teve 200 escolas ocupadas. O movimento se espalhou por 22 estados da federação e já envolvia universidades e escolas estaduais.

Ao longo das manifestações, as ações iniciadas pelos secundaristas passaram a incorporar reivindicações a favor da presidente Dilma. O MBL, que se posicionava totalmente contra Dilma, passa a participar dos acontecimentos se colocando contra o movimento dos secundaristas, portanto, contra as ocupações nas escolas e contra o que era pleiteado pelos estudantes. Com relação à opinião pública, as conclusões ficaram divididas. Na época, o Instituto de Pesquisa Datafolha divulgou que 65% dos entrevistados eram contra o projeto do governo Alckmin e 55% apoiavam as ocupações.

Assim como a opinião pública, as posições políticas antagônicas estavam presentes no movimento de ocupação, na qual os jovens expuseram seus desassossegos sobre o futuro que lhes estava sendo negado, infelicidades de anos e até de décadas e desejos. Sobre os posicionamentos políticos, enquanto de um lado havia jovens estudantes que perceberam que seus direitos estavam sendo retirados a partir do projeto de Alckmin, de outro havia jovens influenciados pelo pensamento conservador, comprometidos com a cena política do governo contra Dilma e com a estabilidade social. Martín-Barbero afirma "[...] para que la pluralidad de las culturas del mundo sea políticamente tenida en cuenta, es indispensable que la diversidad de identidades nos pueda ser contada, narrada. Pues la relación de la narración con la identidad no solo es expresiva sino constituiva: es en la diversidad de sus relatos que la identidad cultural se construye" (Martín-Barbero 337).

"Escola sem partido" e a ditadura em tempos "democráticos"

Mas, se parte do movimento dos secundaristas era contra as medidas austeras do governo sobre a educação, o que defendia a parcela conservadora, influenciada pelos movimentos conservadores que emergiram das manifestações de junho de 2013[20]?

Em 2004, através da iniciativa do então procurador do Estado de São Paulo, Miguel Nagib, foi criado o Movimento "Escola Sem Partido" em resposta a suporta instrumentalização da educação para fins ideológicos, partidários e eleitorais. Segundo o próprio movimento: "doutrinação política e ideológica em sala de aula ofende a liberdade de consciência do estudante; afronta o princípio da neutralidade política e ideológica do Estado; e ameaça o próprio regime democrático, na medida em que instrumentaliza o sistema de ensino com o objetivo de desequilibrar o jogo político em favor de um dos competidores".[21] Alguns anos depois, em 2012, na metade do primeiro mandato de Dilma Rousseff, é aprovada a Lei Federal nº 12.612 que declara Paulo Freire (1921 – 1997) o Patrono da Educação brasileira. A proclamação da lei levou em consideração os 39 títulos de doutor *honoris causa* recebidos por Freire, 34 em vida e 5 *in memoriam*, mais de 150 títulos honoríficos e/ou medalhas e sua obra composta por 33 livros. Pode-se imaginar o quanto o título de Patrono da Educação Brasileira ser concedido a um pensador marxista pode ter incomodado a ala mais conservadora da sociedade do país, e a resposta veio em 2014. Fortalecido pelo surgimento de movimentos de direita no ano anterior, o "Escola sem Partido" ressurge no momento em que Flávio Bolsonaro, Deputado Estadual do Rio de Janeiro, convida Nagib para escrever o projeto de lei que foi apresentado na Assembleia Legislativa do referido Estado (PL 2974/2014), enquanto o vereador Carlos Bolsonaro, irmão do deputado lançou o projeto de lei (PL 864/2014) para a apreciação da Câmara Municipal.

Um projeto de lei que cerceia o professor certamente não condiz com a Pedagogia da Liberdade proposta por Paulo Freire, menos ainda na ideia de que é necessário, segundo Freire, que o professor reconheça o contexto de desigualdade para poder combate-la, enquanto o "Escola Sem Partido" coloca, em um dos pontos, que "ao tratar de questões políticas,

---

[20] Sobre as jornadas de junho:
http://www.scielo.br/scielo.php?script=sci_arttext&pid=S0101-33002013000300003.
[21] https://www.programaescolasempartido.org/projeto.

sócio-culturais e econômicas, o professor apresentará aos alunos, de forma justa – isto é, com a mesma profundidade e seriedade –, as principais versões, teorias, opiniões e perspectivas concorrentes a respeito", ou seja, favorecendo os valores culturais e intelectuais da classe dominante. Ao longo dos últimos três anos e a intensa turbulência social que vem acontecendo no Brasil polarizando a sociedade à direita e à esquerda, o "Escola sem Partido" vem ganhando cada vez mais força e atualmente representa pais e estudantes que são contrários ao que eles mesmos chamam de "doutrinação política e ideológica dos alunos por parte dos professores" e a "usurpação dos direitos dos pais na educação moral e religiosa de seus filhos".

Miguel Nagib, em julho de 2016, descreveu Paulo Freire como um pedagogo do Partido dos Trabalhadores (PT) que usou sua pedagogia em prol dos interesses do partido, e afirmou que o professor não pode fazer uso de seu direito de liberdade de expressão, pois, em sala de aula, o aluno é uma audiência cativa do professor[22]. Para os defensores do "Escola sem Partido" há no Brasil um "exército de professores doutrinadores" que usam sua posição de educadores e a audiência compulsória dos alunos para incutir posições ideológicas e morais que vão contra a educação religiosa familiar dos discentes. Para acabar com a "doutrinação" dos docentes, o movimento tem lutado para alterar a Lei de Diretrizes e Bases da Educação Nacional (LDB), inserindo o Programa Escola Sem Partido na lei. Nesse sentido, o movimento "Escola sem Partido" tem fornecido fundamentos teóricos para Projetos de Lei (PLs) que apresentem os pressupostos do movimento a partir do Programa Escola Sem Partido.

Atualmente tramitam PLs no Senado Federal, na Câmara dos Deputados, em Câmaras Municipais e Assembleias Legislativas de várias partes do Brasil, tento como ponto principal o controle do trabalho docente. Pode-se observar como importantes exemplos o projeto que intenciona tipificar o crime de "assédio ideológico" – ainda que esse assédio, segundo a lei, aconteça apenas por docentes de esquerda, e nunca os de direita –, com punição de três meses a um ano, ou dois projetos (os PL 193/2016 e PL 867/2015) que propõem o cerceamento dos docentes no que se refere às questões políticas, de gênero, a partir da submissão dos processos pedagógicos às crenças religiosas e morais dos pais – ainda que o senso de 2010 do Brasil tenha contato a existência de 1200 religiões no

---

[22] Debate disponível em https://www.youtube.com/watch?v=J2v7PA1RNqk&t=2948s. Acessado em 28 de novembro de 2018.

país, pode-se imaginar que as religiões cristãs, hegemônicas, seriam as responsáveis por organizar o cerceamento moral dos professores. Até julho de 2018, o Programa Escola Sem Partido estava tramitando em 150 esferas públicas, estaduais e municipais, e já foi aprovado no Estado de Alagoas, Ceará, Rio de Janeiro, Paraíba, e em diversas cidades em todo o país.

Dos vários pontos do Programa, destaca-se a pretensão de incluir na LDB que a educação moral e religiosa do professor deve estar de acordo com as convicções dos pais, a proibição de serem tratadas questões de gênero na escola, para não interferir na identidade biológica do sexo, a proibição para o professor de emitir sua opinião e convicções em sala de aula e, especialmente, a proibição do docente incentivar os alunos na participação da vida política e de tratar assuntos políticos polêmicos como passeatas, protestos, entre outros. Segundo o Programa, o sistema de vigilância docente deve ser exercido pelas secretarias e Ministério da Educação, que teriam a obrigatoriedade de apurar e encaminhar as denúncias anônimas para o Ministério Público Federal. O anonimato das denúncias coloca os cerceadores dos professores em situação privilegiada em comparação ao denunciado e a abrangência desse programa alcançaria ainda as políticas e os planos educacionais, todos os materiais didáticos e paradidáticos, as avaliações para o ingresso no ensino superior, os concursos docentes e, por fim, as universidades (Brasil, 2016).

Ainda que o Programa Escola Sem Partido não tenha sido aprovado em âmbito nacional, o Movimento Escola Sem Partido[23] tem atuado no sentido de censurar e perseguir professores, seus programas de ensino e os livros que estes indicam aos alunos. Desde o final de 2016, orientados pelo movimento, alunos estão denunciando seus professores por "atividade subversiva" e "doutrinação ideológica", usando como provas gravações e vídeos descontextualizados na tentativa de criminalizar os docentes. A página do Movimento Escola Sem Partido no Facebook apresenta uma série de denúncias e críticas aos "doutrinadores". O próprio site do movimento orienta como os delatores devem agir:

> Na dúvida, não se precipitem. Planejem a sua denúncia. Anotem os episódios, os conteúdos e as falas mais repre-

---

[23] Vale esclarecer que o Movimento Escola Sem Partido é a organização da sociedade civil, enquanto o Programa Escola Sem Partido é a apresentação dos pressupostos do movimento por meio de Projetos de Leis.

sentativas da militância política e ideológica do seu professor. Anotem tudo o que possa ser considerado um abuso da liberdade de ensinar em detrimento da sua liberdade de aprender. Registrem o nome do professor, o dia, a hora e o contexto. Sejam objetivos e equilibrados. Acima de tudo, verazes. E esperem até que esse professor já não tenha poder sobre vocês. Esperem, se necessário, até sair da escola ou da faculdade. Não há pressa. Quando estiverem seguros de que ninguém poderá lhes causar nenhum dano, DENUNCIEM a covardia de que foram vítimas quando não podiam reagir. Façam isso pelo bem dos estudantes que estão passando ou ainda vão passar pelo que vocês já passaram. É um serviço de utilidade pública (Escola Sem Partido, 2016).

Enquanto acontecem cada vez mais casos de denúncias contra professores, como os casos ocorridos ainda em 2016, com a professora de inglês Janeth de Souza, do Instituto de Educação Rangel Pestana, do município de Nova Iguaçu (RJ) e da professora de sociologia Gabriela Viola, do Colégio Estadual Maria Gai Grendel, em Curitiba (PR), relatados pela Revista Fórum. Enquanto a primeira foi envolvida em uma sindicância por uma denuncia de "doutrinação ideológica" por explicar aos alunos as razões da greve docente, a segunda foi afastada de suas funções, também por "doutrinação ideológica" por explicar os pensamentos de Karl Marx, um dos autores clássicos da sociologia, em suas aulas de sociologia (Revista Fórum, 2016).

Em 2018, ano eleitoral, a situação apenas se agravou, em especial após a eleição de Jair Bolsonaro para o cargo de presidente da República. O Projeto Escola Sem Partido está entre as propostas do presidente eleito, o que encorajou atos como o da deputada estadual Ana Caroline Campagnolo, também eleita em 2018, por Santa Catarina. Em suas redes sociais, Campagnolo postou uma mensagem encorajando os alunos a gravar e denunciar seus professores na segunda-feira após a vitória de Bolsonaro, pois, segundo ela, neste dia "muitos professores doutrinadores" estariam "inconformados e revoltados". Na mesma semana circulou um vídeo de Jair Bolsonaro incentivando um aluno a gravar sua professora, dizendo que ele teria uma "surpresinha" para a docente. Além disso, uma série de denuncias e ameaças passaram a acontecer em Universidades do país, muitas delas por escrito, nas quais professores que lecionam sobre política ou questões de gênero seriam "banidos" com a chegada de Bolsonaro no cargo executivo do país.

Algumas conclusões

A educação como fundamental nas mudanças sociais pode ser observada, principalmente, na ausência da oferta de educação fundamental pública ao longo da história do Brasil. Nesse sentido, Marçal Ribeiro nos diz que:

> A história mostra que a educação escolar no Brasil nunca foi considerada como prioridade nacional: ela serviu apenas a uma determinada camada social, em detrimento das outras camadas da sociedade que permaneceram iletradas e sem acesso à escola. Mesmo com a evolução histórico-econômica do país (...); mesmo tendo, ao longo de cinco séculos de história, passado de uma economia agrária-comercial-exportadora para uma economia baseada na industrialização e no desenvolvimento tecnológico; mesmo com as oscilações políticas e revoluções por que passou, o Brasil não priorizou a educação em seus investimentos político-sociais e a estrutura educacional permaneceu substancialmente inalterada até nossos dias, continuando a agir como transmissora da ideologia das elites e atendendo de forma mais ou menos satisfatória apenas a uma pequena parcela da sociedade. (15)

Assim, por não ser vista como prioridade, a educação figura na lista de prioridades dos políticos que se apresentam como candidatos tanto na nos cargos do executivo, quanto do legislativo, mas ao mesmo tempo o acesso pelas camadas populares vem preocupando as elites do país nos últimos 20 anos. Isso porque, como coloca a Pedagogia da Liberdade de Freire, a educação deve ser libertadora. Porém, o pensador brasileiro pensava na libertação dos alunos em situação de opressão, e o que se tem observado nos últimos anos no Brasil é que agora se faz necessário lutar também pela liberdade do docente de ensinar.

Ao longo da ditadura, momento em que Freire viveu no exílio, lecionar se tornou uma profissão controlada institucionalmente por apresentar a possibilidade de questionar a ordem vigente. Assim como Paulo Freire, muitos outros professores foram perseguidos, presos, tor-turados, desaparecidos, mortos ou foram para o exílio ao longo da ditadura por serem considerados como "subversivos". De fato, a prática docente pode ser usada a favor da ordem vigente ou contra ela. Enquanto o Émile

Durkheim, autor clássico da sociologia, pensou a educação como um aparelho de reprodução da estrutura social, não devendo atuar para alterar a realidade, para outros, como o caso de Karl Marx, e mais contemporaneamente Pierre Bourdieu, ela pode ser uma prática sócio-histórica contraditória, que pode ser instrumento de conscientização, mas também de dominação. Marxista, Paulo Freire pensou em uma pedagogia que acabasse com a dominação a partir da conscientização dos alunos, portanto, para o pensador, o discente não está em uma posição frágil, como defende o Movimento Escola Sem Partido. Para Freire, o professor não apenas ensina, mas também aprende e o educar se faz a partir do processo de construção do conhecimento por parte do aluno, destituindo o docente de sua posição de poder.

Ao defender que o professor não pode expressar sua visão de mundo, o Movimento Escola Sem Partido defende também o fim do diálogo, a verticalização da relação entre professores e alunos, e o risco da educação se tornar hierarquizada e desumanizada. Além disso, o aluno, ao ignorar o pensamento do professor, tampouco tem como acessar o conhecimento real deste, pois pode ler de maneira equivocada ou preconceituosa o que está sendo dito em sala de aula, afinal, o aluno desconheceria, nesse caso, qual o local de fala do professor. Do ponto de vista da universalidade do conhecimento, o "Escola Sem Partido" propõe que o aluno receba um conteúdo massificado, ignorando, portanto, que existem outras leituras sobre o mesmo assunto, colocando o Brasil em uma posição ainda mais baixa no ranking da educação mundial[24].

O que se vem observado nos últimos anos no Brasil é o controle do trabalho docente em pleno momento dito democrático. Nenhuma outra profissão tem sido dão atacada e censurada pela sociedade civil e pela classe política como a docência, e a intenção parece ser a despolitização da educação, a desvalorização do professor e a eliminação da pluralidade de concepções pedagógicas, o que até o momento ainda é garantido pela LDB. Porém, não se pode ignorar que o Movimento Escola Sem Partido é produto de um processo histórico que se iniciou na construção do próprio país, quando à elite, apenas, era dado o direito de se instruir, enquanto àqueles que exerciam trabalhos braçais, sendo escravo ou não, apenas a domesticação do pensamento era necessária. Assim,

---

[24] No ranking da educação mundial, entre 36 países, o Brasil se encontra na penúltima posição, à frente somente do México. Disponível em: https://veja.abril.com.br/blog/impavido-colosso/em-ranking-da-educacao-com-36-paises-brasil-fica-em-penultimo/. Acessado em 28 de novembro de 2018.

entendendo que educar é um ato político, seja da classe dominante, seja daqueles que querem libertar as classes oprimidas, o que o Movimento Escola Sem Partido busca, na realidade, é destruir o caráter transformador da sociedade que a educação pode ter.

Manter a sociedade brasileira como está, sem transformação, é assumir que ela está da maneira que se deseja. Assim, cabe aqui questionar não apenas o papel do professor, mas principalmente a quem interessa manter o Brasil como ele é.

Referências bibliográficas

"A direita, a censura nas escolas, a mordaça ao pensamento crítico, o fascismo nu e cru no Brasil". *Revista Fórum*. 31 de agosto de 2016. https://www.revistaforum.com.br/mariafro/2016/08/31/48633/.

Azevedo, Fernando. *A Cultura Brasileira*, 3a. Edição, Tomo III. São Paulo, Editora Melhoramentos, 1953.

Brasil. *Senado Federal. Projeto de Lei nº 193 de 2016. "Programa Escola sem Partido"*. Brasília, 2015. https://www12.senado.leg.br/ecidadania/visualizacaomateria?id=125666.

---. *Constituição da República Federativa do Brasil*. Brasília, DF, Senado Federal, Centro Gráfico, 1988.

---. *Atividade Legislativa. Legislação Informatizada – Lei nº 5.540*. 28 de novembro de 1968. http://www2.camara.leg.br/legin/fed/lei/1960-1969/lei-5540-28-novembro-1968-359201-publicacaooriginal-1-pl.html.

Escola Sem Partido. https://www.programaescolasempartido.org/.

Freire, Paulo. *Pedagogia do oprimido*. Rio de Janeiro: Paz e Terra, 2001.

Ferreira, Jovanka Mariana de Genova e Gisele Pereira de Souza. "Reflexões acerca do movimento 'Escola sem Partido' inspiradas pelas teorias de Paulo Freire e Pierre Bourdieu". *Revista Inter-Ação*, vol. 42, no. 1, 2017, pp. 140-158. http://www.periodicoseletronicos.ufma.br/index.php/reducacoemancipacao/article/view/9528/5551.

Marçal Ribeiro, Paulo Renes. "História da Educação Escolar no Brasil: notas para uma reflexão". Revista Paidéia, no. 4, 1993, pp. 15-30. http://www.scielo.br/pdf/paideia/n4/03.pdf.

Martín-Barbero, Jesús. *Nuevos mapas culturales de La integración y El desarrollo*. Buenos Aires, Fondo de Cultura Económica de Argentina, 2000.

Gadotti, Moacir. *Pensamento Pedagógico Brasileiro*. 8ª Ed. São Paulo, Ática, 2009.

Pereira, Aline dos Santos e Maria das Graças Almeida Baptista. "A educação libertadora de Paulo Freire e a Escola Sem Partido". *Anais do IX Colóquio Internacional Paulo Freire*, 2016. http://coloquio.paulofreire.org.br/participacao/index.php/coloquio/ix-coloquio/paper/view/553.

Standing, Guy, "O precariado e a luta de classes". *Revista Crítica de Ciências Sociais*, no. 103, 2014, pp. 9-24. https://journals.openedition.org/rccs/5521.

Villwock, Aparecida de França. "A pedagogia crítica de Paulo Freire e as Consequências do Exílio". *Anais do II Simpósio Nacional de Educação*, Cascavel, 2010. http://cac-php.unioeste.br/eventos/iisimposioeducacao/anais/trabalhos/35.pdf.

Pedagogía y deseo: Praxis teatral y creatividad en español en Estados Unidos

Gustavo Geirola
Whittier College, Los Ángeles, California

Resumen

El ensayo se centra en los fundamentos de la praxis teatral, tal como ésta se ha venido realizando en la producción de espectáculos en español en Whittier College, desde el Departamento de Lenguas Modernas y Literaturas con estudiantes que no son actores. La praxis teatral, como la praxis psicoanalítica, se distingue de los estudios teatrales —con base en una epistemología racionalista— en la medida en que trabaja a partir de conceptos elaborados por Jacques Lacan a lo largo su enseñanza, tales como acto analítico, los cuatros discursos, síntoma y sinthome, los tres registros (imaginario, simbólico y real), sujeto supuesto saber, deseo, placer y goce, saber y conocimiento, etc. Se discute la cuestión de la (im)posibilidad de una pedagogía en sentido tradicional en favor de una técnica analítica con base en el deseo para favorecer el proceso creativo. Se apela a la cuestión de un retorno a lo infantil (*infans*) del sujeto y al juego desde la perspectiva psicoanalítica y de la conceptualización filosófico-política de Walter Benjamin.

Abstract

The essay focuses on the foundations of theatrical praxis, as it has been done in the production of shows in Spanish at Whittier College, from the Department of Modern Languages and Literatures with students who are not actors. The theatrical praxis, like the psychoanalytic praxis, is different from the theatrical studies -based on a rationalist epistemology- insofar as it works from concepts elaborated by Jacques Lacan throughout his teaching, such as the analytic act, the four discourses, symptom and sinthome, the three registers (imaginary, symbolic and real), supposed subject to know, desire, pleasure and enjoyment, *savoir* and knowledge, etc. The question of the (im)possibility of a pedagogy in the traditional sense in favor of an analytical technique based on desire to favor the creative process is discussed. It appeals to the question of a return to the infant (*infans*) of the subject and to the game from the psychoanalytic perspective and the philosophical-political conceptualization of Walter Benjamin.

> No se puede jugar a medias; si se juega, se juega a fondo. Para jugar, hay que apasionarse, para apasionarse hay que salir del mundo de lo concreto; salir del mundo de lo concreto es incursionar en el mundo de la locura del mundo. De la locura hay que aprender a entrar y salir; sin meterse en la locura no hay creatividad. Sin creatividad uno se burocra-tiza, se torna un hombre concreto, repite palabras de otros.
>
> *Eduardo "Tato" Pavlovsky*[25]

> Habits are the forms of our first happiness and our first horror that have congealed and become deformed to the point of being unrecognizable.
>
> *Walter Benjamin* (120)

Pedagogía y deseo: ¿pedagogía del deseo o deseo de pedagogía?

Este ensayo pretende dar cuenta, aun en su brevedad, de la conformación de una pedagogía de la praxis teatral, después de más de 20 años promoviendo el teatro en español en las universidades y colleges de Estados Unidos.[26] En este trabajo voy a centrarme en el *Workshop in Latin*

---

[25] Citado en "Recuperemos el juego con nuestros hijos", artículo sin firma de la revista *Psicología positiva* 21 (Junio 2010).
https://regalosdemisamigospoetas.blogspot.com/2013/06/recuperemos-el-juego-con-nuestros-hijos.html

[26] Whittier College es un Liberal Arts College. En Estados Unidos se denominan *colleges* a las instituciones universitarias que tienen un número de estudiantes menor (entre 1200 y 3000) que las universidades privadas o estatales (más de 20.000). Whittier College tiene una población estudiantil de alrededor de 1400 estudiantes y otorga el diploma de Bachellor of Arts y Bachellor of Science. Se ofrece una sola Maestría en Educación. Las Universidades son las que ofrecen doctorados y, más que a la enseñanza, se abocan a la investigación. Los estudiantes se gradúan en cuatro años, una vez completadas las 120 unidades/créditos requeridos para graduarse (cada curso vale, usualmente, 3 o 4 unidades); en sus primeros dos años tienen que tomar varios cursos de todas las áreas (Humanidades, Ciencias Sociales, Ciencias Naturales y Exactas); en los dos restantes eligen su *Major* o *Minor* [especialización o sub-especialización]; muchos de ellos se gradúan con dos

American Performance Experience que ofrezco desde hace diecisiete años en los semestres de primavera.[27] Para comenzar, resulta necesario aclarar desde el comienzo un par de cosas: pedagogía y deseo son, desde el punto de vista psicoanalítico, si no opuestos, al menos problemáticos. Por un lado, tenemos la pedagogía exigida por las instituciones académicas y, por el otro, el deseo, que implica a los sujetos involucrados en la enseñanza y el aprendizaje. Como lo recuerda Lacan (1974), Freud había ya planteado tres tareas imposibles: gobernar, educar y psicoanalizar. El deseo es, en principio, ineducable. ¿Cómo entender el título de este ensayo? Sin duda, hay allí una tensión difícil de resolver. Pedagogía no puede significar otra cosa, como nos lo dice Jacques-Alain Miller, que sujetar al niño "al discurso del Amo por el sesgo del saber, es decir, por medio del pedagogo" (2017, 20). Y si 'pedagogo' "es el nombre del esclavo encargado de conducir a los niños" (2017, 20), entonces los niños, los estudiantes resultan ser "los esclavos del esclavo" (2017, 21). Si se piensa en una pedagogía del deseo, entonces, se imagina una tarea por la cual hacemos del niño un sujeto sujetado. Más que enseñar, domesticamos, adaptamos al sujeto a las normas vigentes sin cuestionarlas, esclavos de ellas nosotros mismos como pedagogos, aplastando la singularidad de cada uno de nuestros estudiantes y hasta la nuestra propia.

Usualmente, alienar al sujeto a los Ideales del yo de la cultura es una tarea a cargo del Estado, la familia, las escuelas y las universidades. Si propusiéramos esto en nuestro *Workshop in Latin American Performance Experience* en particular y en la praxis teatral en general, este ensayo sería lo más anti-psicoanalítico que se pudiera imaginar, puesto que la propuesta que llevamos a cabo, por el contrario, trata de desamarrar al sujeto del goce del Otro, de ese Otro que le ha impuesto los significantes de la cultura, que lo ha mortificado para hacerlo un sujeto socializado, capaz de

---

Majors o con un *Major* y uno o dos *Minors*. Algunos estudiantes pasan a programas graduados en universidades para obtener su Maestría (unos dos años más) y algunos llegan hasta el doctorado (el número de años depende de la disciplina, entre 2 y 4 años más después de la Maestría).

[27] He realizado otro tipo de experiencias parecidas en Estados Unidos, pero con un encuadre diferente: en los seis años como director invitado a producir un espectáculo en español en el Pasadena City College, los estudiantes que acudieron a la convocatoria lo hicieron porque tenían interés en hacer teatro (muchos no pudieron testimoniar de un deseo decidido y dejaron de asistir, pero otros permanecieron varios años); nos reuníamos tres horas cada miércoles durante unos seis meses. Si bien algunos aspectos técnicos fueron similares a lo que desarrollo en Whittier College, mi posición no pudo ser la planteada por el discurso del Analista o incluso por el discurso de la Histérica —"hacer enigmas", como caracteriza Lacan a este discurso (2012, 322)— ya que había en el grupo otros profesores involucrados y la discusión por el sentido y la prisa por interpretar, por concluir en sentido lacaniano, aparecían a cada momento, lo cual bloqueaba toda posibilidad de trabajar la transferencia y realizar un acto analítico.

entrar en el contrato social renunciando a sus pulsiones, empezando por incesto, parricidio y el mandato de "no matarás", todos indispensables como sostén indispensable de la existencia comunitaria humana. Obviamente, no apuntamos a afectar esos significantes tan básicos; sin embargo, es importante separar, desalienar al sujeto de algunos otros Ideales del yo menos constituyentes o estructurales al contrato social como, por ejemplo, el significante de la vergüenza frente a la menstruación[28] o frente a una orientación sexual no reproductiva impuesto por el orden patriarcal. O, para poner ejemplos más típicos de la vida universitaria, acatar el Ideal (usualmente impuesto por los padres) de que una especialización en Negocios (*business*) –a diferencia de apoyar una vocación artística— les garantizará felicidad, trabajo, futuro. Emancipar al sujeto de Ideales de ese tipo constituye el objetivo político de la praxis teatral que, en nuestro caso, afecta a los estudiantes y también al público que asiste a nuestras producciones del Workshop.[29]

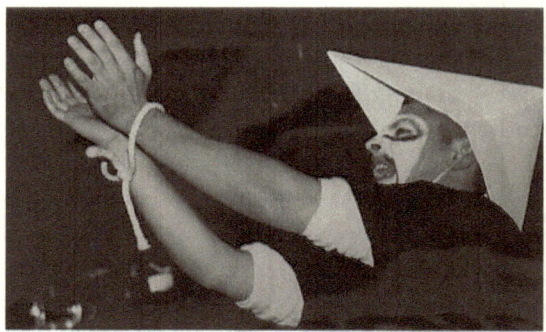

El Gigante Amapolas (1841), de Juan Bautista Alberdi. (2001)

---

[28] Es muy elocuente una nota publicada por *Página 12* bajo el título "Ninguna regla, todas las reglas", del 24 de agosto 2018.

[29] A nivel de la técnica actoral, ya Stanislavski había propuesto aquello que denominó "segunda naturaleza", la cual en cierto modo consiste en modificar los hábitos que trae el actor, a los que está acostumbrado (caminar, hablar, moverse, etc.), es decir, a los que está *alienado*, y *separarlo* de ellos para sustituirlos por nuevos significantes. Sin embargo, sería exagerado afirmar que se trata de una dimensión política de su técnica, en el sentido que hoy se habla de "política lacaniana"; en efecto, aunque el actor se emancipa de los hábitos que trae de su sociedad y cultura, Stanislavski procura inocularle otros que no provienen del trabajo del actor con su propio goce, sino de Ideales de yo de Stanislavski y su perspectiva teatral. Seguimos, pues, sometiendo al actor al Discurso del Amo o del Maestro. Usualmente esto ocurre en cualquier tipo de taller de formación actoral con cualquier maestro que ocupa el lugar del Amo, pretendiendo sostener ciertos ideales estéticos o políticos. Para un tratamiento más extenso de la cuestión lacaniana de la alienación y la separación, ver mi libro *Dramaturgia de frontera/ dramaturgias del crimen*.

Llevadas las cosas al punto extremo, visto que trabajamos a nivel universitario, solo produciríamos aprendices de amo, sujetos impotentes que solo pueden repetir el saber del profesor, ese esclavo que a su vez responde y repite el S_1, en el discurso del Amo.[30] En este marco, aunque algunas instituciones incentivan la creatividad del estudiante, lo cierto es que hay un encuadre conflictivo para desarrollarla, debido a las imposiciones académicas y administrativas que regulan la enseñanza. Periódicamente se invita a los profesores a revisar su filosofía de la educación y actualizarse con las nuevas metodologías de aprendizaje, para promover novedosas habilidades y destrezas entre los estudiantes. Y a pesar de la buena voluntad de los profesores en este sentido, su deseo o demanda de nuevas y más efectivas aproximaciones pedagógicas y/o didácticas, los protocolos de la institución –incluso bajo la forma del Discurso de la Universidad— suelen constituir un obstáculo insalvable. Por eso, si nos planteamos la cuestión desde el deseo y/o demanda del profesor, resulta indispensable interrogarlos desde el psicoanálisis. Así, nos iríamos acercando al psicoanálisis si, en vez de una pedagogía del deseo, intentáramos explorar nuestro deseo de pedagogía; por ese camino, sin embargo, tampoco llegaríamos muy lejos, porque como el psicoanálisis no puede educar el deseo, arribaríamos nuevamente a la dimensión de una pedagogía imposible. Esta dimensión imposible, no obstante, resulta salvable si partimos de no posicionarnos como "profesor" sino como "enseñante", así como lo enfatiza Lacan cuando afirma: "Lo que debo acentuar bien es que, por ofrecerse a la enseñanza, el discurso psicoanalítico lleva al psicoanalista a la posición de psicoanalizante, es decir, a no producir nada que se pueda dominar; a pesar de la apariencia, sino a título de síntoma" (2012 a, 325). Bastaría reemplazar en la cita de Lacan el vocablo "psicoanálisis" y "psicoanalizante" por "praxis teatral" y "enseñante", para orientarnos mejor en nuestro saber-hacer en lo teatral. En consecuencia, soy yo el que estoy en proceso de aprender; aprendo de los estudiantes, para quienes, en el mejor de los casos, resulto un sujeto supuesto saber. Suponen en mí el saber que los va a conducir durante el proceso del semestre y quien va a interpretar los signos que ellos promuevan en las improvisaciones como si fueran de una verdad oculta que yo luego (les) develaría o revelaría. Para ellos se trata, entonces, de un auto de fe en la garantía que yo o mi saber les estarían brindando como encuadre del proyecto. Para mí, se trata de

---

[30] Para una aproximación más detallada a las fórmulas de los cuatro discursos lacanianos y la fórmula del denominado discurso capitalista (aunque no sea estrictamente un discurso en tanto no hace lazo social), y su posible lectura desde la praxis teatral, ver mi ensayo "Los cuatro discursos lacanianos y las dramaturgias".

un acto falso porque justamente yo no soy (y *sé* que no soy) ese sujeto supuesto saber, lo cual me saca de la posición profesoral (y me coloca en una posición crítica respecto de la academia en tanto discurso de la Universidad).

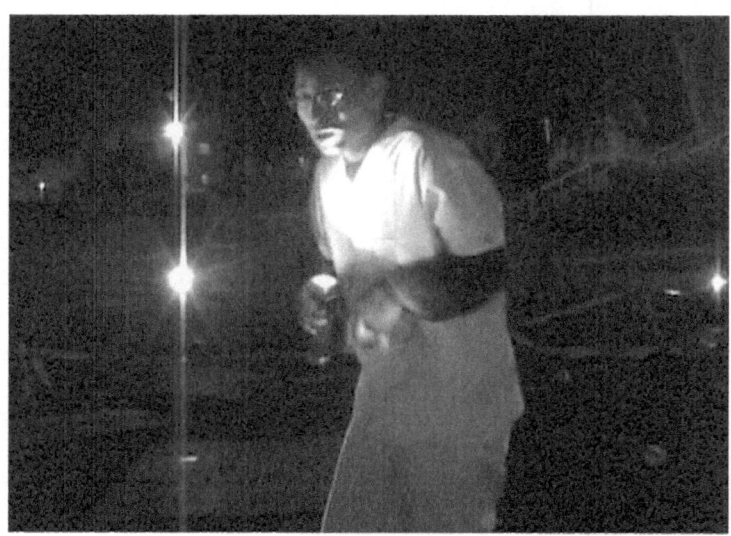

Iluminaciones, 2008.

En ciertos momentos, mi posición sumerge a los estudiantes en la angustia a medida que perciben que yo no sostengo la función de garante de lo que están produciendo y que, como hizo Lacan en la clausura del congreso de la Escuela Freudiana de París en 1970, cuya temática era precisamente la enseñanza, me atengo "a escuchar; guardando un silencio que me fue provechoso" (317). Es que, si no toda enseñanza enseña, mi preocupación en este *Workshop in Latin American Performance Experience* (que ofrezco todos los semestres de primavera en Whittier College desde hace diecisiete años y a diferencia del resto de mis colegas del profesorado) no es la producción de *conocimiento* sino el *saber*; un saber que, para el psicoanálisis, es siempre el del inconsciente. Como les dice Lacan a los congresistas, "[q]ue algo sea para ustedes, porque así se lo expresa: una enseñanza no significa que ella les haya enseñado nada, que de ella resulte un saber" (2012 a, 317). La pedagogía, entonces, parece asistir al profesor que orienta su enseñanza hacia la producción de conocimiento; pero mi enseñanza en este Workshop no apunta a lo mismo. Hay, según Lacan, poca evidencia de la relación *antagónica* entre enseñanza y saber (2012 a,

322) y hasta postula que la enseñanza muchas veces podría ser un *obstáculo* al saber (2012 a, 318). En todo caso, frente a esta dupla, me inclino, en lo posible debido al marco institucional, por el saber que "viene al lugar que designamos como el de la verdad" (2012 a, 322). Mi posición (¿pedagógica?) se resuelve entonces como un giro que hace de mí un enseñante interesado en el deseo y la verdad, frente a los estudiantes posicionados como un sujeto supuesto saber. Esta "subversión" pedagógica, si se quiere, va a contrapelo del tipo de requerimientos exigidos por la institución.

Transferencia y sujeto supuesto saber

Se entiende, entonces, a partir de lo dicho, que al comienzo del semestre, para dar inicio al proceso, yo cometa una falta ética —estructural— al brindarles a los estudiantes un semblante "profesoral" de garantía. Sin embargo, esa máscara, semblante o "falta ética", es necesaria para instalar la transferencia que, más adelante, pueda ser disuelta. Mi tarea a lo largo del proceso de trabajo, además de ofrecer el semblante del sujeto supuesto saber —semblante de profesor capaz de trasmitir *conocimiento*, pero no concernido respecto del *saber*, como saber inconsciente—, es permitir la instalación de la transferencia para dirigirse —como en el psicoanálisis— a un final, el del performance, el de la *acción* performativa por el lado de los estudiantes y el del *acto* performativo de mi lado. Imprescindible subrayarlo: del lado de los estudiantes y del mío propio, "es de la división del sujeto de lo que se trata" (Lacan, 2012 a, 319), punto crucial si procuramos inventar un objeto artístico. Durante el trabajo, muchas veces me preguntan: "¿qué estamos diciendo con este espectáculo? ¿A dónde vamos con todo esto? ¿Qué le parece de qué se trata esto? ¿Está bien lo que estamos haciendo?" Cuando aparece la pregunta por el sentido, inmediatamente el debate se orienta hacia la cuestión de la racionalidad, la coherencia, la finalidad; se impone entonces la figura de la "comprensión" (¿comprendemos esto que estamos haciendo? ¿Lo comprenderá el público?), y allí el proceso se traba: Lacan siempre postuló los peligros de comprender, y de comprender demasiado rápido;[31] el analista debe guar-

---

[31] En su famoso "El tiempo lógico y el aserto de certidumbre anticipada. Un nuevo sofisma", Lacan plantea el "instante de ver", el "tiempo para comprender" y el "momento para concluir", de modo que no se superponen, como parece indicarlo el consejo de que el analista no se apresure a comprender a partir del momento de ver y lo cierre como si se tratara de un momento para concluir. Para ver este ensayo lacaniano en relación a la praxis teatral, ver mi trabajo "Ensayando la lógica o la lógica del ensayo: Construcción de personaje y temporalidad de la certeza subjetiva".

darse de hacerlo, porque entonces deja de lado el postulado lacaniano de que la comunicación es un malentendido y, por esa vía, se obstaculiza el proceso analítico.³² La comprensión de alguna manera está comandada por la identificación y puede tomar dos caminos ilusorios: (a) eso que los estudiantes plantean en su improvisación es lo que yo pienso, por tanto admito la escena; (b) eso que ellos hacen es porque comprenden lo que yo digo, por eso también acepto la escena. Incluso podríamos agregar una tercera: (c) eso que ellos están proponiendo es lo que están sufriendo, lo que sufre su comunidad, etc. Me identifico con ese dolor del síntoma, lo comprendo y entonces suscribo la escena. Y tal vez cabría pensar en una cuarta posibilidad a ser evitada que no ha escapado a Lacan: la de ceder eufóricamente a lo que los estudiantes quieran hacer de mí, sea una madre completa, un compañero más, un partidario de sus propias creencias, etc. (1987, 165).³³ ¿Qué hago con lo que me descoloca o los descoloca? ¿Qué hacer cuando algo del horror de lo real emerge, incluso bajo la forma del chiste? ¿Descartar aquello extraño que pone en tela de juicio el sentido? Si procedemos de ese modo, perdemos el rumbo porque estamos admitiendo lo conocido: ya nos conformamos, nos entendemos, nos comprendemos, y perdimos la posibilidad de apuntar a lo Real de ese síntoma, que escapa a la confortabilidad de la identificación imaginaria. Para evitar esto, en estos casos, yo les devuelvo las preguntas para que me enseñen la respuesta o bien hago pequeños señalamientos, puntuaciones para incrementar los equívocos, las ambigüedades que fisuren el saber que ellos traen (inconscientemente) o el que adquieren en la academia. Como lo plantea Lacan, "el decir ambiguo por no ser sino material del decir, da lo supremo del inconsciente en su esencia más pura" (2012 c, 376). Trato de intervenir sin autorizar, sin aprobar o desaprobar nada, sin capturar el sentido o etiquetarlo porque mi preocupación es abrir el juego para que

---

³² De pronto, significantes aparentemente anodinos, o partículas gramaticales como, por ejemplo, los pronombres posesivos, pueden pasar desapercibidos en la cadena verbalizada por el analizante: *mi* hermano, *este* hermano que vive lejos, *ese* hermano que me tocó en suerte, *aquel* hermano que me envía regalos, etc. Usualmente creemos comprender esos adjetivos demostrativos, casi diría que se invisibilizan en el habla cotidiana, pero en análisis comunican otra cosa de lo que supuestamente deberían comunicar. Una puntuación consistiría en preguntar qué quiere decir el analizante con mi/este/ese/aquel en relación al hermano. Planteando el punto de almohadillado retrospectivamente sobre el discurso, el analizante procederá, inmediatamente, después de la sorpresa, a justificar su uso, pero allí la puntuación siguiente del analista sería: "vamos a dar por cerrada la sesión de hoy" y dejar que el analizante analice lo que allí irrumpió. Este tipo de marcaciones es la que suelo hacer durante las improvisaciones.

³³ Esta euforia producto de "lo que el analista se propone que su paciente haga de él" (1987, 165), se registra demasiadas veces en la relación entre actores y director, actores y maestro y, como puede apreciarse, más bien obstaculiza que favorece un verdadero proceso creativo.

se desplieguen los fantasmas, para que emerjan las inconsistencias y, de ese modo, ir aproximándonos a la verdad, a lo reprimido, esto es, en lo posible, lograr rozar algo de la verdad de lo real (no de la realidad como constructo imaginario).³⁴

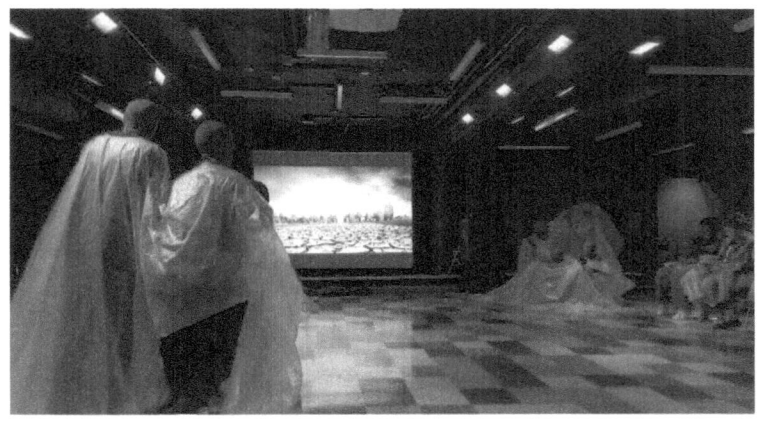

Tremors, 2015.

Me cuido de que emerja mi condición de sujeto deseante, deseante de sentido, apurando la comprensión allí donde, desde la perspectiva analítica, no debería comprenderse tan a la ligera. Si me atuviera a la producción de sentido durante las improvisaciones, si las sofocara con la comprensión a partir de discursos académicos cualesquiera (feminismo, queer, etc.), los llevaría a realizar *mi* espectáculo, no el de ellos, cancelándose así el objetivo del Workshop. Mi narcisismo se resguarda, en todo caso, en la institución en la que realizo la tarea, para la cual es valioso contar con una experiencia performativa en español a partir de la propia creatividad de los estudiantes y a cargo de los mismos. Es mediante este "análisis de la trasferencia" que se va eliminando ese sujeto supuesto saber. Si yo respondiera a la demanda de sentido, comenzarían los debates infinitos que nos mantendrían amarrados a significantes que no son los de ellos, sino los míos, como suele ocurrir en los cursos corrientes, en las puestas de los Departamentos de Teatro y en otras muchas instancias de la producción teatral a nivel global. Si me importa en este Workshop el acto performativo (a la manera del acto analítico) es porque "nunca tan

---

[34] Recordemos que en Freud y en el psicoanálisis, cuando se habla de "realidad", se refieren a la "realidad psíquica", no a lo que supuestamente observamos a nuestro alrededor o pensamos sobre lo que nos rodea.

bien logrado como cuando es *fallido*" (Lacan, 2012 b, 359) y porque al final el *de-ser*, esa destitución subjetiva de los estudiantes/actores, me ha tocado, me ha golpeado incluso, al punto que esa "verdad" que constituye el performance, eso "incurable" que allí se presenta (*sinthome*), a la que no opongo resistencia (recordemos que la resistencia, para Lacan, se ubica del lado del analista[35]), me pone en situación de admitirla durante la elaboración del libreto en las vacaciones de primavera y, a la vez, me incita a proseguir en el semestre siguiente y trabajarla posteriormente en mi escritura. Es decir, aunque la propuesta de los estudiantes escape a mis parámetros ideológicos, tengo que admitirla como un real que me interpela, interpela el tipo de educación que están recibiendo en mi institución o una cultura que escapa a mi competencia. Tanto Freud como Lacan parten de concebir la relación entre analizante y analista como un juego de ajedrez. Esto supone que uno y otro se establece como contrincante. Nuestro concepto de la teatralidad también está concebido en términos agonistas, no conviviales. Desde aquí, se puede hacer una diferenciación entre fracaso y derrota en la praxis teatral, tal como de alguna manera se ha planteado en el psicoanálisis. En efecto, derrota sería abandonar completamente el proyecto; fracaso, en cambio, asumir ese real que ha emergido y me interroga, cuestiona mi narcisismo, al cual le dedicaré el tiempo necesario en mi investigación, escritura o futuro montaje para abordarlo. De modo que esta resistencia es el hueso duro de lo real para roer posteriormente, sea en mi investigación y escritura, sea en otro montaje. Una vez más, la praxis teatral no funciona como aplicabilidad de una teoría totalizada o tota-lizante, sino como un constante hacerse y rehacerse a partir del saber no sabido del inconsciente.

---

[35] Desde la perspectiva freudiana la resistencia es la fuerza que el paciente opone a la presión del analista por ir más rápido, una especie de inercia que habría que liquidar durante las sesiones. Lacan, en su *Seminario 2*, comienza recordando estos planteos; agrega luego que la resistencia es una suposición que el analista hace de lo que le pasa al paciente y que, en ese sentido, puede funcionar siempre y cuando se recuerde que no compete al analizante, sino que se trata de una hipótesis planteada por el analista para orientar su trabajo. Sin embargo, Lacan concluye que "[r]esistencia hay una sola: la resistencia del analista. El analista resiste cuando no comprende lo que tiene delante. […] Es él quien está en estado de inercia y de resistencia. Por el contrario, de lo que se trata es de enseñarle al sujeto a nombrar, a articular, a permitir la existencia de ese deseo que, literalmente, está más acá de la existencia, y por eso insiste. Si el deseo no osa decir su nombre, es porque el sujeto todavía no ha hecho surgir ese nombre. […] Pero no se trata de reconocer algo que estaría allí, totalmente dado, listo para ser coaptado. Al nombrarlo, el sujeto *crea*, hace surgir, una nueva presencia en el mundo" (1988, 341-342, el subrayado es mío).

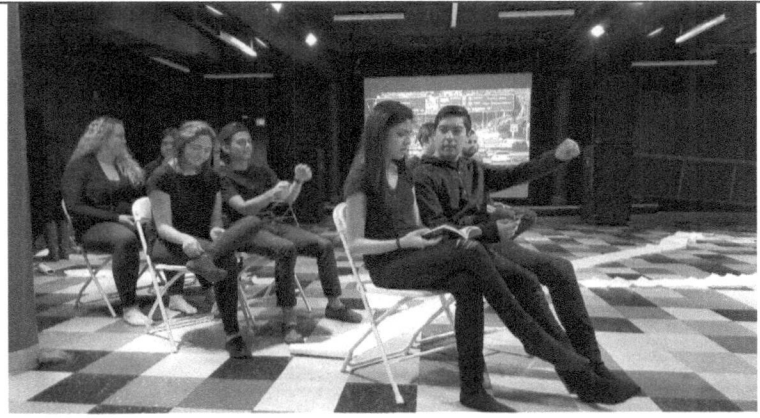

Tremors, 2015.

Al final del proceso, los estudiantes quedarán solos en la escena, con su propia destitución subjetiva; el sujeto supuesto saber cae, ya *saben* que no puede asistirlos ni garantizarles nada, ahora se percatan de que nunca pudo. "Estarán solos frente al público", les digo, y eso que "(re)-presentan" es de ustedes, les pertenece, no es mío. Es de lo que deben responsabilizarse. Yo, incluso como director, no estoy ya en ese juego, he dejado de ser, soy apenas un resto, un desecho, a lo sumo resguardado en la cabina o en los márgenes del espacio escénico.[36] Como lo dice Lacan en su *Seminario 15*, "el analista es el que llega al término del análisis a soportar el no ser más nada que ese resto, ese resto de la cosa sabida que se llama el objeto (a)" (clase 5). Los estudiantes *actúan* aquello que han producido y yo quedo excluido en función de mi acto performativo, "lo que me salva de la enseñanza" (Lacan, 2012 a, 323). En lo posible intento, dentro del encuadre institucional en el que trabajamos, que ese sujeto supuesto saber quede eliminado para dar lugar, dar emergencia, al objeto *a*, causa del deseo. Si para Freud el análisis es interminable, para Lacan había un final definido como la asunción subjetiva de la castración, de la falta en el Otro y del sinthome, lo incurable del modo de goce del sujeto. Y eso adviene en el Workshop porque, a como dé lugar, hay que presentar el espectáculo que dejará ver esa falta, como falta de sentido, a veces (1) como lo incompleto o como falta de linealidad de lo narrado, (2) como falta de saber de la institución y de la cultura respecto a lo tratado, (3) como falta

---

[36] La discusión sobre una dramaturgia de actor o una dramaturgia de director debería iniciarse a partir de estas cuestiones abiertas por el psicoanálisis y, sin duda, incorporadas a la praxis teatral.

de saber del "profesor", que no puede dar cuenta de lo que está pasando y al que ya no vale demandarle el saber; también (4) como falta de saber del estudiante que, frente a las demandas del público, apenas puede apoyarse en su cuerpo para dar cuenta de lo que está haciendo y diciendo y, finalmente, (5) como falta de saber del público que también es convocado a dar sentido y no a consumirlo, ya que el espectáculo más bien abre antes que cierra las posibilidades de interpretación.

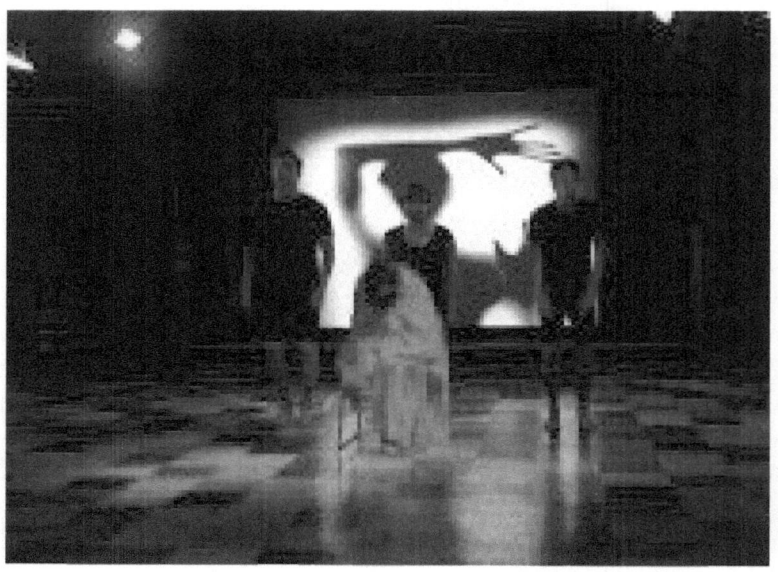

Tic Tac, 2015.

El espectáculo final es ofrecido como la punta del iceberg, un resto visible de una dimensión enorme y sumergida cuya exploración queda a cargo de cada sujeto. Digamos que, tanto para los estudiantes como para la institución y para el público, la castración del Otro significa la caída del sujeto supuesto saber y, con ello, la apertura del deseo hacia la producción de nuevos significantes-amo (S_1) que significantizarán, no ya el goce del Otro, sino el propio, del que hay ahora que responsabilizarse. Esos S_1 del espectáculo hablan del goce del grupo ese semestre, es su sinthome, el modo de goce que los singulariza. Lacan nos dice que "el sinthome [...] es lo que hay de singular en cada sujeto" (2006, 165). Dicho sinthome deviene síntoma para el público y por eso solicita, no una comprensión que empaquete el sentido y lo encorsete, sino una lectura (S_2) como pluralidad de posibilidades. Ese sinthome que es el espectáculo constituye de ese modo la puerta posible para promover no un consumo de significados, sino una invitación al público a cuestionar su propia alienación a significantes-amo impuestos por el Otro de la cultura. La falta de un sentido empaquetado, ya digerido, comprensible, no responde ni a una incapacidad expresiva del elenco ni a una veleidad pasajera de responder a lo postdramático. Por el contrario, esa ambigüedad u opa-cidad del sentido es el objetivo del Workshop y lo es tanto para cada integrante del grupo, como para el coordinador o director y obviamente también para el público. Sea durante las improvisaciones para el actor o con el espectáculo para el público, se procura desestabilizar las certezas, impedir la comprensión (usualmente buscada como totalizante); la idea es sacar al actor y al público de su zona de confort (incluso cuando ancla en lo doliente del síntoma) vivenciada como una euforia de creer que lo ha entendido/consumido todo. El teatro como arte debe invitarlo a asumir un riesgo que no se quede en la simple queja del "no entendí nada", tan obturante como el "entendí todo". Más que tapar los agujeros de lo real con significados, el teatro debe ser capaz de orientarlo hacia una emancipación subjetiva como trabajo sobre su propio decir y su propio goce, explorando sus propios "agujeros", muchos ya taponados con los significantes-amo de la cultura, la nación, la familia, la educación, etc. El teatro es el ámbito vital, por más efímero que sea, de cuerpos presentes, no conviviales ni apuntando a un convivio, sino justamente a lo contrario: orientado a producir la diferencia que singulariza a cada sujeto, a cada miembro del público.[37] El teatro permite así ese momento inicial de emancipación subjetiva en la medida en que la interpretación a la que apela ya no es la académica, soportada por y en los conocimientos de turno, sino una instancia no garantizada pero con un potencial posible de desamarrar también a la comunidad, a esa parroquia que sostiene, como quería Lacan, el inconsciente transindividual, no colectivo.[38] Sin embargo, el espectáculo en particular y la praxis teatral que lo sostiene en general, no apuntan a la producción de hegemonía; lo político de la propuesta yace en desalienar

---

[37] Ver mi ensayo "La praxis teatral y lo político: la demanda, el teatrista, el público".

[38] Recordemos que Lacan propone al inconsciente como transindividual, incluso al final de su enseñanza habla de un inconsciente individual. Lo que nos importa es que el inconsciente *no es* colectivo, es decir, no es ni atemporal, ni constituido por arquetipos o símbolos eternos, universales. Al contrario, el inconsciente es parroquial, solo hace sentido para una comunidad determinada en una geografía y un momento histórico preciso, como lo demuestra el chiste. El inconsciente en tanto transindividual cambia, se transforma constantemente. El psicoanálisis *no es* una hermenéutica: "Ni del lado de la naturaleza, de su esplendor o de su maldad, ni del lado del destino, el psicoanálisis hace de la interpretación una hermenéutica, un conocimiento de alguna manera iluminador o transformante" (2012 c, 372).

al sujeto respecto de los Ideales del yo propuestos por el Otro, a fin de alcanzar la singularidad de cada miembro del elenco y del público, pero lo ofrecido no pretende universalidad ni tampoco subsumir las diferencias a un significante-amo impuesto desde la escena con fines de adoctrinamiento de la plebe o la postulación de significantes vacíos para la lucha política (Laclau) posterior. El arte, y el teatro en particular, lo político que lo caracteriza, no se confunde con la política, cuya acción se realizará más allá del espectáculo, al organizar las demandas en una lógica de las equivalencias alrededor de un significante vacío; tal como lo entendemos aquí desde la praxis teatral con base psicoanalítica, el teatro –a diferencia de la creación colectiva de los 70 particularmente en América Latina— debe éticamente detenerse ante esa frontera, no ceder a la captura del sinsentido por parte de ningún Otro (partido político, organizaciones o instituciones cualesquiera, etc.): es así que podrá resguardar su eficiencia y eficacia políticas.

Pedagogía vs. praxis teatral

Si todavía insistiéramos en imaginar una pedagogía como un arsenal técnico enseñable o, en todo caso, trasmisible, como la técnica psicoanalítica, sería una pedagogía no orientada a producir ese "pedagogical theater in the form of 'legal proceedings'" como lo describía Walter Benjamin (40) a partir de lo que había visto en Rusia durante la Revolución, ni tampoco orientada a un teatro político, de tipo doctrinario, como el que caracterizó al teatro latinoamericano de los 70s, un teatro de la izquierda o de lo que Benjamin llama "left-wing bourgeois position" (214), con "its irremediable coupling of idealistic morality with political practice" (214). Si seguimos a Benjamin, lector puntual de Freud,[39] cuando ya en 1927 anunciaba aquello que hoy parece ser el gran lema de la izquierda lacaniana, a saber, que "the forces of command and domination really become femenine, this will bring about change in those forces, in

---

[39] A lo largo de sus *Selected Writings*, que hemos tomado como base para este trabajo, particularmente los ensayos escritos entre 1927 y 1934, se observa cómo Benjamin está al tanto del psicoanálisis y las publicaciones de Freud, desde *La interpretación de los sueños* hasta la lectura freudiana de las *Memorias* del Presidente Schreber (Benjamin 124). No solo los temas freudianos le son afines a Benjamin (sueños, grafología, telepatía, infancia, astrología, memoria, arte y literatura), sino también las preocupaciones filosóficas, artísticas y políticas derivadas de la teorización freudiana del inconsciente y otros conceptos derivados. Sin duda, Benjamin siempre coteja, mide, elucubra formas de poner en correlación su lectura del psicoanálisis y su lectura de Marx.

the age, and even in the Feminine itself" (48),[40] podemos acordar con él que esta praxis teatral que me concierne, apunta a un teatro en el que cuenta no la ilustración de una idea o la propagación de un mensaje, sino lo que Pavlovsky, en su propuesta deleuziana de un teatro de la multiplicidad o de intensidad, y siguiendo a Julio Cortázar, denominaba "el coágulo" (103) y que, en cierto modo, no es otro que ese "political enigma" (48) que proponía Benjamin.

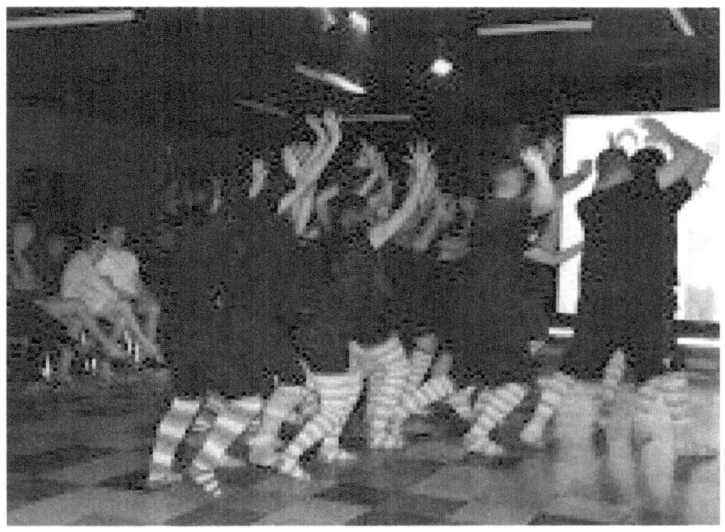

Tic Tac, 2015.

Trabajar en la producción de espectáculos *en español* fuera de los Departamentos de Teatro en Estados Unidos es un desafío y dentro de los Departamentos de Teatro casi una imposibilidad. Los estudiantes relacionados con el Departamento de Lengua y Literatura no son actores ni tienen mayor preparación en actuación y el tiempo de un semestre es una restricción ineludible a nivel institucional. Sin embargo, es posible desarrollar una praxis teatral basada en el psicoanálisis lacaniano (completamente alejado de las propuestas psicologistas como las de Lee Strasberg), y orientada a que los estudiantes desplieguen todo su potencial creativo en la producción de espectáculos experimentales, generados por ellos

---

[40] Se puede ver las consecuencias de esta aproximación benjaminiana en el famoso "Becoming a Woman" (e incluso "becoming a child") de Deleuze y Guattari y, obviamente, también en la última enseñanza lacaniana respecto a La Mujer.

mismos. Obviamente, no consideramos al psicoanálisis como una terapia ni tampoco apuntamos a un trabajo analítico con el personaje; en este sentido, admitimos con Benjamin (en su conversación con Gide) que "Psychology [is] the cause of the decline of theater. The psychological drama [is] the death of the theater" (93). Como veremos, el psicoanálisis está extremadamente involucrado en las aproximaciones vanguardistas (dadaísmo, surrealismo) y por eso tanto en Benjamin, como en Gide o en Artaud, se adivina este rechazo de lo psicológico y del carácter mortificante del lenguaje, que Lacan denomina, siguiendo a Deleuze, "corp(se)-ificación" (2012 a, 325), jugando con el inglés *corpse*: cadáver.[41] El psicoanálisis en tanto praxis (clínica o no) se orienta a tratar lo real por medio de lo simbólico (1987, 14) intentando así, ya no dejar de lado lo imaginario, sino propulsarlo a partir de la invención una vez emancipado el sujeto de los corsés impuestos por la cultura, la industrialización y la tecnología; es en este sentido que se puede admitir que el psicoanálisis no cura, sino que apunta a lo incurable del sinthome y, en cierto modo, aunque muy precariamente, nuestra praxis teatral también apunta a ello.

Abocamos por una praxis con base en el psicoanálisis, esto es, una praxis orientada no al estudio y análisis del texto dramático o del texto espectacular, típica de la aproximación literaria, sino al trabajo durante los ensayos y la producción de un espectáculo, lo cual requiere de conceptos precisos que orienten la actividad del coordinador/director; *dichos conceptos no necesitan ser comunicados a los estudiantes*.[42] Esta praxis teatral se orienta hacia la cuestión del deseo, obviamente inconsciente, y ha permitido con los años conformar un encuadre –por "pedagógico" que se quiera— cuya técnica es capaz de llevar a los estudiantes no tanto a lo que ya saben o quieren, sino a lo que desean, es decir, a lo que no saben.

La premisa fundamental, elaborada después de muchos años de trabajo, es impedir comenzar el proceso creativo a partir de una idea. Ilustrar una idea previa en el teatro, particularmente con estudiantes no actores (e incluso con actores profesionales), es certificado de fracaso artístico. Después de mis muchos intentos, llegué a la conclusión que no

---

[41] Sin duda, la primera reunión de los estudiantes, al iniciarse el semestre, tanto en sus cuerpos como en su conducta y hasta en sus comentarios, permite comprobar hasta qué punto estamos mortificados por la cultura; por eso el Workshop, más allá de su objetivo artístico, y tal vez por ello mismo, se dirige a revitalizar(los/-nos), a emancipar cierta dimensión pulsional alienada desde la infancia a los Ideales del yo impuestos por el Otro. En este sentido, el entrenamiento corporal se hace ineludible

[42] En Whittier College también ofrezco cada dos años un curso llamado *Latin American Theater*, en el que trabajamos sobre textos dramáticos y espectaculares desde una perspectiva literaria, cultural y socio-histórica, típica de los estudios teatrales.

era posible, en este marco institucional, ensayar una obra de texto o afrontar personajes de cierta profundidad realista y psicológica. Si uno quiere alcanzar cierto grado de dignidad, particularmente con este tipo de estudiantes, debe renunciar a trabajar sobre un texto previo y también a pretender alcanzar un nivel profesional. Es importante que aquello que el grupo sea capaz de producir sea orgánico con sus capacidades de presentación. La propuesta de mi *Workshop in Latin American Performance Experience* en Whittier College[43] (como puede notarse, no figura la palabra 'teatro'), está orientada a la elaboración de un espectáculo producto del despliegue de la creatividad de los estudiantes, pero no a la perfección técnica actoral, imposible de lograr, aunque el entrenamiento corporal (no vocal) en dicho workshop sea intenso y permanente durante todo el semestre. La palabra "performance" en el nombre del curso apunta a tener la libertad de hacer teatro, performance, instalación o cualquier otro tipo de aproximación experimental audiovisual.

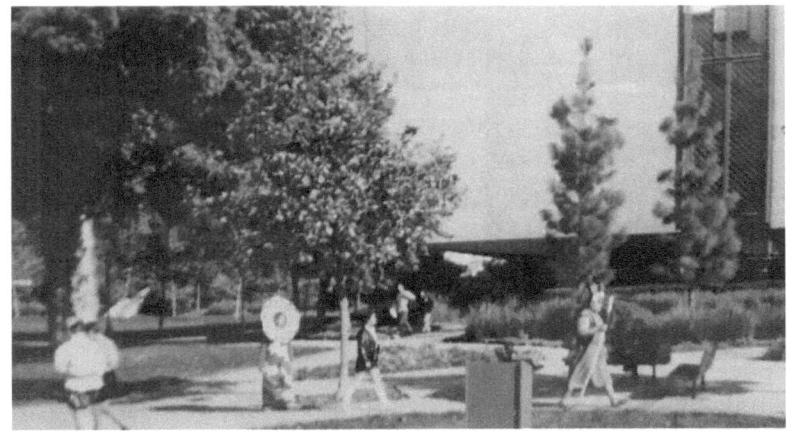

La conquista de México, de Luis Valdez, 1997.

Los estudiantes que se registran en mis clases no suelen asistir al teatro; cuando lo hacen, generalmente optan por espectáculos ofrecidos en el *mainstream* (particularmente musicales, comedia americana o *sitcom* televisivo). Su imaginario teatral se reduce a un escenario estereotípico: un living con sofá, el infaltable teléfono y, usualmente, una familia disfuncional o un grupo de amigos. Si se los pone a improvisar a partir de este imaginario, obtenemos escenas producto de la mímesis con la televisión y

---

[43] Hasta donde sé, no hay un curso-taller de esta índole, al menos en todo el sur de California.

el cine, completamente previsibles. Por tal razón, mi tarea inicial es desamarrarlos de ese esquema o, para decirlo en la forma deleuziana que complacería a Pavlovsky, mi tarea consiste en desterritorializar molecularmente (no a nivel molar) su cuerpo, particularmente a nivel del trabajo corporal:[44] les propongo un objetivo experimental que tardan en visualizar porque en Estados Unidos —con el peso de Broadway, el teatro comercial de cada ciudad y el ofrecido por las universidades— es bastante improbable ver un espectáculo teatral experimental. Mi propuesta se pone, pues, del lado del "devenir", no del lado de criticar subjetividades activas sociales ni tampoco del lado de proponer nuevas subjetividades. Y esto incluso afecta la consistencia misma del curso como tal, completamente diferente y en parte alejado de los protocolos académicos (molares) del resto del currículum. Como lo plantean Deleuze y Guattari:

> Devenir es un rizoma, no es un árbol clasificatorio ni genealógico. Devenir no es ciertamente imitar, ni identificarse; tampoco es regresar-progresar; tampoco es corresponder, instaurar relaciones correspondientes; tampoco es producir, producir una filiación, producir por filiación. Devenir es un verbo que tiene toda su consistencia; no se puede reducir, y no nos conduce a "parecer", ni "ser", ni "equivaler", ni "producir". (245)

Con el andar del proceso van entendiendo mi propuesta y al terminar el curso se dan cuenta de que hay otras posibilidades creativas, incluso más divertidas; además, les queda la experiencia de haberse expuesto a vivir cada una de las instancias de un proceso de producción teatral: entrenamiento corporal, improvisación, producción de un texto y una puesta en escena, promoción, elaboración de escenografía, etc., que a la postre los capacita para apreciar diferentemente otro espectáculo teatral.

Mi aproximación es comenzar con un entrenamiento corporal[45] que proviene de la danza contemporánea, el yoga y otros ejercicios que

---

[44] Como este trabajo es siempre precario y en cierto modo queda incompleto, abierto, ya que el semestre es excesivamente breve, no se corre el peligro de reterritorializar el cuerpo, tarea que algún estudiante, probablemente si su especialización (*Major*) es el teatro, corre el peligro de realizar, comodificándolo y reificándolo como "actor" ("molar") en el mercado laboral-profesional.

[45] Como lo plantea Anupa Batra, desde la perspectiva de Deleuze, el cambio debe realizarse a nivel del cuerpo, porque el cuerpo es donde el deseo está congelado (4). Y este cambio debe realizarse a nivel molecular y en forma experimental, no molar, ya que un cambio, concebido como

ido compilando durante años en el campo teatral. Se podría decir que la lista de ejercicios que implemento tiene ya un cierto nivel técnico, entendiendo por tal un número de ejercicios muy pautados para responder con rapidez a las limitaciones que impone un semestre de trece o catorce semanas (con dos reuniones de hora y media cada una, en las que hay que crear el texto y montarlo), y también pautados para disolver, en lo posible, las barreras de raza, género y cultura, ya que Whittier College es una de las instituciones de mayor diversidad (de estudiantes, profesores y administrativos) del país.

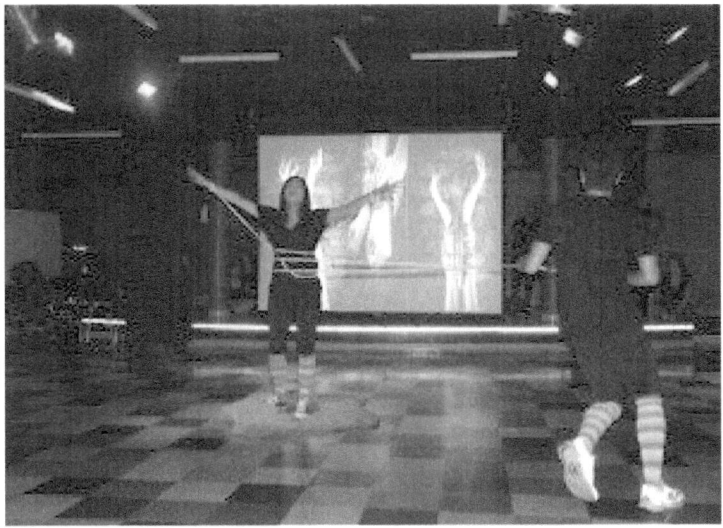

Tic Tac, 2015.

El objetivo del curso entonces puede acotarse a producir un texto novedoso y una puesta experimental poco frecuentada por los estudiantes a fin de darles, además de un saber sobre los problemas inherentes a lo teatral desde la intimidad misma del trabajo (sin teorizar), un cierto placer por la actividad teatral y un cierto goce relativo a aquello que, finalmente, ancla en el núcleo sintomático del cual el texto y el espectáculo son productos.

---

elección voluntarista a nivel molar –como podría ser el de la creación colectiva de los 70s—, incluso por medio de la parodia o la ironía, "is not a real change" (Batra 4).

Artes y producción de conocimiento

Praxis teatral: lo experimental imprescindible

Es importante explorar las resonancias del término "experimental" en este contexto de creatividad. En primer lugar, es trabajar sin preocuparse por lograr resultado alguno: "In experimenting—dice Batra siguiendo a Deleuze—one does not strive for a particular result. The outcome remains unknown until it actually occurs" (Batra 4).[46] Y eso que ocurre es justamente lo inesperado y, por ello, está en la dimensión del acontecimiento. En un sentido más estrictamente performativo, se trata de poner en juego las convenciones teatrales que traen los estudiantes y el público. Suelo montar estos proyectos en espacios no ligados a lo teatral (la discoteca, el jardín, algún otro lugar del campus). Generalmente, no hay ni tablado ni sillas, de modo que el público se enfrenta desde el principio a dichas convenciones cuando no sabe dónde ubicarse o dónde ocurrirá la escena; es ésta una manera de poner en juego el cuerpo del público. Se apunta a ir contra las convenciones aristotélicas, no solo por veleidades de ceder a la moda posdramática, sino porque a nivel del inconsciente y respecto al deseo, nos atenemos a aquello que irrumpe en la linealidad del tiempo cronológico: "In terms of linear time, transformation or change always appears as accident or chance" (Batra 4). Además, incluso si lo aristotélico estuviera en el horizonte de un proyecto, por la determinación que impone el marco institucional, resultaría casi imposible conformar una fábula de desarrollo lógico (inicio, nudo, desenlace), con un conflicto de cierta complejidad, que usualmente nos llevaría a tener que enfrentar la mayor barrera: la construcción desde la actuación de un personaje realista-psicológico, para la cual los estudiantes –como ya indicamos— ni están preparados ni podrían hacerlo en la limitación de un semestre.

---

[46] Por esta razón, mi propuesta es mantener en lo posible cierto nomadismo, para evitar que los estudiantes quieran plantearse un objetivo específico como, por ejemplo, trabajar sobre el rol de la mujer en la sociedad actual o "representar" un tema de actualidad (tal como me propusieron un semestre sobre los asesinatos de mujeres en Ciudad Juárez, México). Para ver un relato detallado del proceso que resultó en *Las mujeres de Juárez del Mundo* (2006), ver mi libro *Dramaturgia de Frontera/Dramaturgias del crimen*, Págs. 65-70.

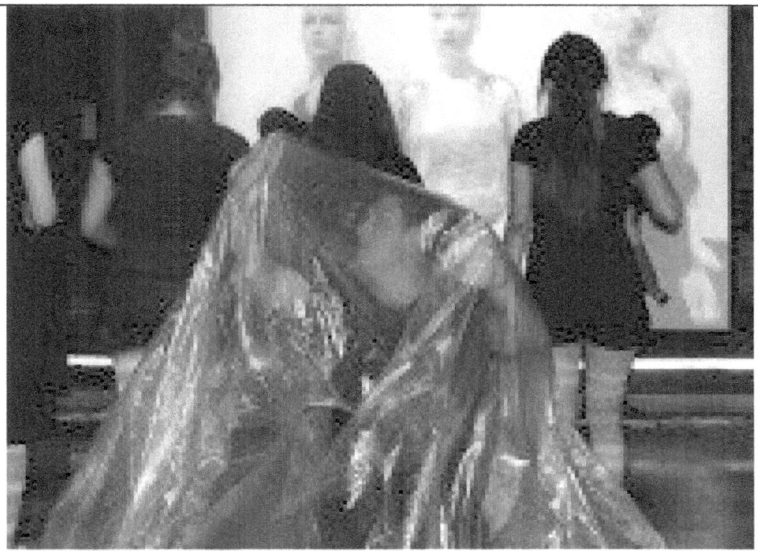

Tic Tac, 2015.

Lo experimental aquí da como resultado un texto y un espectáculo construido como una serie de escenas combinadas, aparentemente sin conexión, pero que –como dijimos más arriba— ponen al público (y al estudiante) en cierta incomodidad respecto al sentido. Generalmente no doy lugar a discutir el sentido de lo que estamos haciendo durante los ensayos: en tal caso, es un debate que pospongo hasta después de estrenado el espectáculo y concluido el proceso. El público, por su parte, también tiene que arriesgarse a "hacer" sentido. La primera reacción es, obviamente, el "no entendí nada";[47] pero si uno conversa y espera, pronto cada estudiante y cada miembro del público empieza a "dar" sentido, uniendo aquello que le parece que converge, que apunta a algo; la diferencia con el teatro tradicional es que, al no haber una narrativa lógica, al

---

[47] Al día siguiente de estrenado el espectáculo *Iluminaciones* (2008), una especie de circo negro realizado en uno de los jardines de Whittier College, a oscuras, un estudiante anglo, no relacionado con nuestro Departamento de Lenguas y Literaturas, me miró raudamente al pasar por mi oficina; retrocedió y me preguntó en inglés: "¿Es Ud. el profesor a cargo del espectáculo de anoche?" Le confirmé que precisamente era yo. Con cierta timidez, pero también con un dejo de audacia, el estudiante agregó: "Lo siento. La verdad es que no entendí nada". Como yo estaba ya llegando tarde a mi clase, le dije que lo sentía mucho, pero nada podía hacer por él. Retomó su caminata y, después de unos pasos, regresó para decirme: "¿Sabe una cosa? No entendí nada, pero me gustaría ver más de eso". Hasta el día de hoy es la crítica y el halago más profundo que he recibido en mi carrera: yo había sido capaz de haber despertado su deseo de ver y sobre todo de saber.

faltar personajes y enfrentarse solamente a "actantes", no hay clausura del sentido, no hay justicia poética, no hay certeza respecto de lo visto y oído. Al evitarse la clausura ya empaquetada del teatro tradicional, se invita a interpretar poniendo en riesgo al sujeto mismo. Lo curioso es que, cuando se escuchan estas interpretaciones, muchas veces prodigiosas, los mismos hacedores del espectáculo nos sentimos sorprendidos porque jamás hubiéramos sido capaces de imaginarlas. Por eso Benjamin no va descaminado cuando, al meditar sobre lo infantil (cuyas consecuencias veremos más adelante) sostiene que "in a performance children stand on the stage and instruct and teach the attentive educators" precisamente porque – como no le escapó a Lacan— un educador o director aprende "in the course of this wild liberation of the child's imagination" (205). Al ofrecer el espectáculo como "secret signal", tanto los estudiantes como el público deben proceder a una interpretación que no está culturalmente ni contextualizada ni controlada: no hay autor, no hay historia ni crítica previa, no hay protocolos de competencia artística que garanticen la supuesta "verdad" de una lectura, esto es, que pongan en situación de temor por arriesgar su propia perspectiva. Benjamin es categórico al afirmar, antes de Derrida y Deleuze, que:

> For what is truly revolutionary is not the propaganda of ideas, which leads here and there to impracticable actions and vanishes in the puff of smoke upon the first sober reflection at the theater exit. What is truly revolutionary is the *secret signal of what is to come* that speaks from the gesture of the child. (206).

Como lo expresamos antes, hay un punto –no podría no haberlo— de convergencia de las escenas, una hebra sutil que las encadena y atraviesa, y que apunta al goce, sea del síntoma o del sinthome. Desde la perspectiva psicoanalítica el síntoma es aquello que remite a un placer/goce reprimido y traumático que, al obstaculizar y limitar la continuidad deseante del sujeto, puede –interpretación analítica mediante— ser levantado para emancipar al sujeto de aquello que le duele. Lacan hablaba de la travesía del fantasma como un final de análisis capaz de brindar una desposición subjetiva y, desde allí, otras opciones para el sujeto, acompañada de cierta decepción respecto a su plus de gozar. La regla de oro para trabajar el síntoma, en tanto forma parte de la lógica del significante, es la asociación libre (que, paradójicamente, no es tan libre como se supone). El sinthome, en cambio, tal como aparece en la última enseñanza lacaniana, es aquello que no puede transformarse; causa de la repetición, constituye lo incurable. Se llega a él a lo largo de un trabajo con la palabra al patentar la relación del sujeto con dicho goce, entendido en su dimensión pulsional, y frente al cual solo cabe saber-hacer, "saber arreglárselas" con él. Por ello, cada espectáculo habla de la singularidad del grupo en ese semestre particular. Sin ningún tipo de instrucción psicoanalítica a los estudiantes, mi Workshop está enmarcado por estos conceptos y aquellos que, también analíticos, apoyan mi orientación durante el proceso: por ejemplo, conceptos como identificación, Ideal del yo, superyó, transferencia, etc. son básicos para no perderse en la maraña de sentidos que emerge de las improvisaciones y, sobre todo, para conformar el hilo de Ariadna en ese laberinto al momento de construir el libreto del espectáculo. Como lo plantea Walter Benjamin, probablemente con Brecht en mente:

> Improvisation is central, because in the final analysis a performance is nothing but an improvised synthesis of all of them [gestures in the different forms of expression]. Improvisation predominates; it is framework from which signals [no solo inconscientes sino 'a signal from another world in which the child lives and commands'], the signifying gestures, emerge. [...] childhood achievement is always aimed not at the 'eternity' of the products but at the 'moment' of the gesture. The theater is the art form of the child because it is ephemeral. (204)

Praxis teatral: de los discursos y los pactos

¿De dónde partir? ¿Cuál es la clave técnica, si quiere denominársela así, de este encuadre en nuestra praxis teatral? Como tal, dicho encuadre está orientado –como en psicoanálisis— a la producción de *saber*, no de *conocimiento* (que es completamente secundario). En psicoanálisis el saber es justamente del inconsciente y no está al servicio (consciente) del yo. Sin pretender explayarnos aquí sobre los famosos cuatro discursos lacanianos,[48] baste decir que el discurso del Amo, con el que Lacan instituyó al inconsciente, tiene como reverso el discurso del Analista. Entre ellos, están el discurso de la Universidad y el de la Histérica. Todo sujeto adviene como tal respecto del lenguaje que opera por

---

[48] Ver mi ensayo "Los cuatro discursos lacanianos y las dramaturgias".

mortificar su dimensión vital, pulsional, a fin de permitir a la cría humana ser parte de un contrato social por acatamiento a la ley (cuna del deseo, que prohíbe pero que también invita a la transgresión) y al registro simbólico de la cultura. Frente a estas imposiciones, particularmente la del Ideal del yo y las regulaciones del superyó a nivel moral (o, en el peor de los casos, del superyó como figura obscena y atroz que impele al goce capaz de tomar dimensiones letales), se instaura, por un lado, el discurso de la Histérica, que constantemente cuestiona al Otro del registro simbólico, duda de él, exige garantías que el Otro no le puede proveer y, por otro, el discurso del Analista que suspende todo saber y, colocado éste como sujeto supuesto saber, deja emerger el famoso objeto *a* lacaniano, es decir, el objeto causa del deseo, ligado al goce, a lo real (no a la realidad) y a la repetición. El discurso de la Universidad, por su parte, es una versión del discurso del Amo o se apoya en dicho discurso. Al proponer una praxis teatral dentro de una institución educativa este discurso no es fácilmente evitable aunque, en la medida de lo posible, trato de impedir aproximaciones doctrinarias, no importa lo justificadas o apoyadas que estén en la bibliografía académica.

Como dije al comienzo, mi propuesta trata de no instaurarse como ilustración de una idea. Y, además, trata de evitar lo personal (aunque sea político, tal como nos enseñó el feminismo): siguiendo a Eduardo Pavlovsky y a Ricardo Bartís, me importa más lo biográfico, que no remite a la experiencia vital de cada estudiante, sino al sujeto de ese inconsciente transindividual que sitúa el trabajo teatral en el aquí y ahora de nuestra circunstancia de creatividad.

Los estudiantes, antes de registrarse para tomar el curso, pasan por una entrevista previa conmigo, en la cual les dejo en claro las cláusulas (simbólicas) del contrato que nos regirá a todos los involucrados durante el semestre; este contrato es el resultado de la praxis teatral misma y se ha ido ajustando progresivamente a partir de cada experiencia. Fundamentalmente, le explico al estudiante que se trata de un 'curso' que no puede seguir las pautas académicas típicas de otras disciplinas. Esta entrevista no es un casting. Su fundamento hay que buscarlo en saber hasta qué punto el estudiante viene con una demanda efectiva de participar de un acontecimiento teatral.[49] Lacan se refiere a este punto precisamente al decir, en su Conferencia en Ginebra sobre el síntoma, del 4 de octubre de 1975,

---

[49] Algunos estudiantes quieren tomar el curso simplemente porque se ha hecho popular, porque corre la voz que es divertido, que no hay que leer y escribir, etc. La entrevista apunta justamente a detectar si hay verdadera demanda de experiencia teatral detrás de los velos de la necesidad de agregar una clase más a su lista.

que el analizante "es la persona que viene verdaderamente a formar una demanda de análisis, la que trabaja. A condición de que ustedes no la hayan puesto inmediatamente sobre el diván, en cuyo caso el asunto está arruinado. Es indispensable que esta demanda haya verdaderamente tomado forma antes de que ustedes la hagan acostar" (8). Trasladando esto a nuestro lenguaje, sería completamente improcedente poner al estudiante a improvisar y subirlo a un escenario si no hay demanda de ello. Y aunque el estudiante no tenga esta demanda en claro, la entrevista al menos pone a prueba si tiene un "deseo decidido" por participar de la experiencia. Y hay algo más relativo a la entrevista previa: apunta a responsabilizar al estudiante si transgrede lo pactado y, de esta forma, se evita el potencial fracaso de todo el curso, producido por un desconocimiento de la actividad a desarrollar, ausencia a clase o cualquier otro tipo de rechazo de la dinámica teatral.[50] La nota final depende fundamentalmente de la asistencia: a dos ausencias, el estudiante desaprueba el curso, aunque si lo desea, puede seguir siendo parte del proyecto. Alerto al estudiante de que no habrá excusas generadas en el fallecimiento de algún familiar o algún evento deportivo, familiar o laboral (boda, campeonato, cumpleaños, rutina laboral, etc.). También remarco ciertos aspectos a tener en cuenta para la evaluación final: solidaridad, esfuerzo, participación, respeto, flexibilidad, responsabilidad, colaboración y buena predisposición. Fijo con mucha antelación, antes de comenzar el semestre, las fechas de las dos presentaciones y la de los ensayos generales previos al estreno, a fin de que tomen las precauciones necesarias (con sus empleadores, otros profesores, parientes, entrenadores deportivos, etc.). El curso termina dos semanas antes del final del semestre, y las clases de esas dos semanas se acumulan como ensayos generales antes del estreno. El estudiante, una vez producido el estreno, queda liberado para dedicarse a los otros cursos y exámenes finales, sin que estas otras obligaciones académicas hagan conflicto con los imperativos de nuestro proyecto de montaje.

Le explico, además, en qué va a consistir el trabajo: entrenamiento corporal intenso e improvisación. Con el tiempo he reducido a quince el

---

[50] Como en el psicoanálisis, los fracasos y las derrotas de los primeros semestres en que implementé este Workshop me permitieron ir ajustando la dirección del encuadre y los procedimientos relativos a la praxis teatral específica de este curso. Solo basta recordar cómo Freud, a partir de los fracasos en sus famosos casos, como el de Dora, reconsidera la totalidad de la conceptualización psicoanalítica hasta ese momento. Es típico de toda praxis realizar esta reconsideración de sus conceptos cuando se ha topado con un límite en la experiencia, cuando ésta da cuenta de un real que ha sobrepasado dicha conceptualización. Lacan hace algo similar a lo largo de su enseñanza.

número de estudiantes admitidos, tratando de balancear entre varones y mujeres.⁵¹ Esta entrevista previa fija, pues, el encuadre, tal como ocurre en la praxis psicoanalítica. Siguiendo a Lacan, necesito estar seguro de que el estudiante, más allá de tomar el curso por requerimientos académicos, tenga un "deseo decidido" (2012, 569) para emprender este viaje creativo que va a involucrar su deseo y con él ciertos riesgos, en la medida en que el sujeto nada quiere saber de su deseo, obviamente inconsciente.

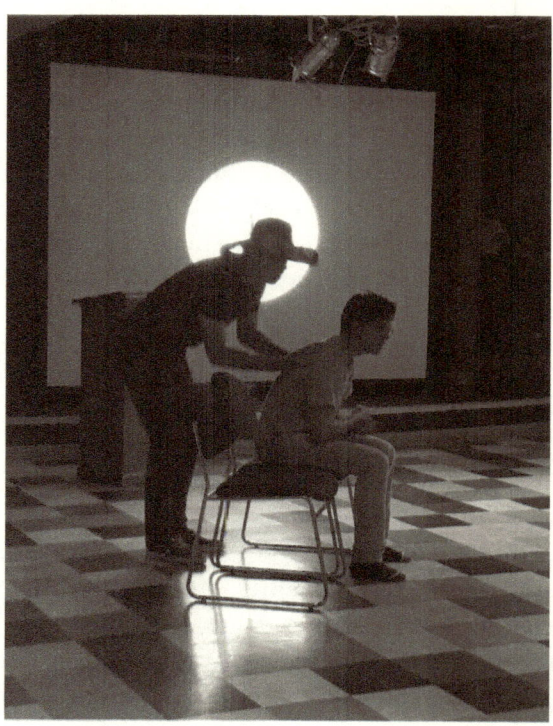

Pobrecitos, 2018.

Acudo al primer encuentro con los estudiantes sin propuesta alguna. Al inicio solo comunico lo que he denominado el "axioma", por-

---

⁵¹ Con el tiempo, el Workshop se hizo excesivamente popular entre los estudiantes, como un curso para el *Major in Spanish* en el que no hay que leer y escribir, sin percatarse de que el esfuerzo demandado por el workshop supera aquellas tareas y que tanto la escritura como la letra, tanto en papel como en la escena, es inevitable. He llegado a tener hasta más de treinta estudiantes, lo cual hizo casi imposible la tarea. Fue entonces que decidí reducir el número a quince participantes, seleccionados por medio de una entrevista previa al momento de registrar las clases de su próximo semestre. Solo puede inscribirse el estudiante que obtenga mi permiso firmado.

que, en principio, como corresponde a un axioma, epistemológicamente no tiene ni necesita justificación. Usualmente es un dato respecto a la locación donde efectuaremos el espectáculo (por ejemplo, en los jardines y a oscuras total), o bien es un significante (por ejemplo, luz). Se parte entonces de aquello que Lacan enfatizaba al decir que "no hay ninguna acción que no se presente con una punta significante de entrada y antes que nada" (*Seminario 15*, clase 5). Con los años, ese axioma surge como un interrogante que queda como resto del espectáculo del semestre anterior y, en tanto tal, suele impactar mi trabajo teórico-conceptual posterior.[52] En las dos primeras reuniones nos centramos en el trabajo corporal. Paulatinamente mis ejercicios van abriendo paso a las improvisaciones. Los estudiantes tienen plena libertad de jugar con lo que quieran a partir del axioma. Mi posición se reduce a esperar como un analista y también como un aprendiz, puesto que, como lo dice Benjamin, "the learner sooner or later succeeds in taking possession of what may be of use to him, integrating it as a technique into his own work" (95). ¿Esperar qué? La irrupción del inconsciente, esa sorpresa, *tyche*,[53] como la designa Lacan en su *Seminario 11* (62), pero cuya intermitencia ya había sido subrayada por Benjamin (66), cuando veía en el surrealismo la posibilidad de evadir la precedencia del contenido sobre la forma, esto es, esperar hasta que algo del enigma emerja, sin imponer una narrativa a una idea pre-existente,

---

[52] Varios años después de estrenado *Iluminaciones*, y a consecuencia de contar con la visita de Leonor Jurado Laspina, artista ecuatoriana dedicada a la fotografía que quiso integrarse al grupo, retomé cuestiones pendientes y propuse el significante "luz" como axioma (en momentos tan crepusculares como los que estamos viviendo, particularmente en ese momento inmediatamente posterior a las elecciones con el triunfo de Donald Trump), lo cual culminó en un espectáculo titulado *Viaje a las fronteras de las sombras* (2017). Una bitácora de *Iluminaciones* puede leerse en mi ensayo "Más allá de la teatralidad del teatro: lo imaginario, lo simbólico y lo real. Un ejercicio de la praxis teatral".

[53] Donald Freed, un director teatral que, pionero a su manera, ya empezó a entrever la necesidad de una lectura que pusiera a Freud y Stanislavski en cotejo, estaba dirigiendo *Hamlet* en Los Ángeles allá por los años 60. En el ensayo, se trabajaba intensamente hasta que, de pronto, algo irrumpió: el actor que hacía de Hamlet, al aparecer el espectro de su padre, no pudo contener la risa. Freed se dio cuenta de que algo de lo real se estaba jugando en este momento. Pudo haberse reído con el actor y el resto del elenco, pero prefirió tomar en serio esa sorpresa. Usualmente, nadie se reiría frente a un espectro. Podemos especular sobre las causas de esa risa: un elemento de vestuario, una defensa del actor frente a lo desconocido o alguna relación con su propia historia, etc. Lo cierto es que esa carcajada exigía una relectura de la pieza: reírse del espectro del padre era síntoma de un real que hoy podemos de alguna manera entender, cuando hablamos de la caída de la función paterna, de su autoridad, de la ley, en la sociedad neoliberal actual y que ya clamaba por ser significantizada en los *sixties*. La risa del actor vehiculizaba ese contexto cuyo real todavía no tenía palabras, solamente se manifestaba como una rebeldía juvenil. El sinsentido de esa risa debía, pues, tomarse en serio y obligaba a una relectura completa del texto shakesperano para un montaje que, como siempre y obviamente, debía hablarle a un público y a un contexto cultural preciso.

a manera de ilustración. Benjamin señala, precisamente, que es en esta aproximación en la que se observa el ejercicio de la libertad artística: mientras el artista "diletante", fascinado con la idea o mensaje que quiere trasmitir mediante un montaje formal *ad hoc*, termina cayendo en estereotipos que limitan su libertad, el artista "profesional", en cambio, se libera al admitir la intermitencia del inconsciente:

> We realize that the dilettante sticks much closer to the stereotypes of writing and painting than the professional artist, because he is able to grasp them or see through them. We realize that such a dilettante is necessarily unfree, because in certain matters freedom springs exclusively from knowledge[54] and practice. It is the artist who possesses this freedom. But he is exposed to a threat of quite a different kind. The fortunate constellation and the evidence of imagination that are to be found in these deepest levels manifest themselves only *intermittently*. (66, el subrayado es mío)

Sin duda, tanto Benjamin como Lacan siguen al Freud de *Psicopatología de la vida cotidiana*, siendo allí lo importante la *aparición del sinsentido*, sea en un equívoco, en un olvido, en un chiste u otra formación del inconsciente. Por eso, particularmente me interesa evitar los estereotipos fijados por el Ideal del yo cultural o teatral—que son los que inmediatamente emergen en la improvisación de los estudiantes —y que responden también al inconsciente pero como *automaton* (Lacan, 1987, 62) esto es, para decirlo apresuradamente, surgen de la dimensión mecánica de la repetición y que podemos entender aquí como la forma en que el sentido común dispara automáticamente nuestras opiniones. Por eso espero la puerta regia que abre una equivocación, una llegada tarde, un chiste, cualquier exabrupto para incentivar la creatividad a partir de allí.

Tengo dispuestos ejercicios corporales que permiten trabajar, sin que los estudiantes lo perciban, la asociación libre analítica; están diseñados para impedir todo tipo de justificación personal o ideológica y contribuir al azar en la irrupción de los significantes. Generalmente implemento estos ejercicios después de intenso trabajo corporal. Una vez conformada una lista "loca" de significantes, les solicito improvisaciones sobre un número limitado de ellos, combinados también caprichosa-

---

[54] En inglés se ha traducido *saber* y *conocimiento* por la palabra "*knowledge*"; leemos en esta cita de Benjamin dicho vocablo como "saber" (*savoir* en francés).

mente. Muchas veces la escena propuesta por un grupo pasa a ser considerada y representada por otro, lo cual, siguiendo algunas técnicas del psicodrama, permite enriquecer la improvisación y a su vez le deja en claro al estudiante que ese rol no le pertenece y que, al momento de la puesta en escena, puede quedar a cargo de otro compañero. Ahora bien, si los aproximo al juego con los significantes y con ciertos objetos o materiales es por varios motivos: el primero, porque apelo, por medio del juego, a lo infantil, como vía para acercarlos a recuperar lo que Lacan denominó "lalengua"[55] y Benjamin, antes que Artaud, llamó "primitive sounds" (104); en segundo lugar, porque "playing is always liberating" (Benjamin 100), en la medida en que los estudiantes pueden—dentro del encuadre precario de un curso y de una institución—evitar la amenaza represiva de la realidad adulta, producto de la función mortificante del lenguaje y la cultura y, finalmente, porque –como lo plantea Benjamin— los niños "belong to the nation and the class they come from" (116) y por ello el juego o los juguetes dejan vislumbrar "a silent signifying dialogue between them and the nation" (116). Hay una correlación entre el juego y esa "obscure urge to repeat things" (Benjamin 120): "for a child—escribe Benjamin—repetition is the soul of play" (120). Consecuentemente, no sorprende que por este camino los espectáculos a los que arribamos recuperen "the grotesque, cruel, grim side of children's life" (Benjamin 101) y expongan a su manera ese factor "despotic and dehumanized" (Benjamin 101) que es propio del sueño, de los niños, de los visionarios y de los "mentally disturbed" (Benjamin 104).

Mi función como coordinador de los ejercicios y los materiales se guía por no intervenir ni prejuzgar, en la medida de lo posible, la irrupción de lo insolente, lo irreverente de la infancia, siempre remotos respecto a las imposiciones sufridas por una sociedad disciplinaria. Por "significantes" entiendo no sólo lo verbal, sino lo gestual o incluso el trabajo juguetón con objetos. Estas improvisaciones comienzan a remitir a ese "coágulo", como lo llamaba Eduardo Pavlovsky, en tanto sinsentido de ese real sorpresivo que, sin embargo, nos afecta y nos duele, pero que no podemos integrar en la conciencia. Es así que se va tramando el espectáculo. Recordemos que *lo real* en Lacan es lo que no puede ser

---

[55] Para Lacan, "lalengua'" no es el lenguaje, y así como el inconsciente no es colectivo ni está formado por arquetipos o símbolos capaces de figurar en diccionario, de igual modo no hay manera de contar con un diccionario de lalengua. El *parlêtre*, esto es, el hablanteser, la cría humana mortificada por el lenguaje, por el Otro, por lo simbólico, está ligado a la función de la *lalengua* en tanto próxima al cuerpo, a lo pulsional, a lo real y al goce de hablar singular del sujeto; es así constitutiva del inconsciente real.

significantizado y se diferencia de *la realidad* en que ésta es un imaginario o un constructo fantasmático producto de varios factores, no todos inconscientes, particularmente los provistos por el discurso del Amo y de la Unversidad. En lo posible, intento que los estudiantes no queden alienados a estas imposiciones de lo simbólico, por eso suelo alertarlos y alentarlos cuando los invito a que, en nuestro trabajo, se den licencia para transgredir y ser incluso políticamente incorrectos.

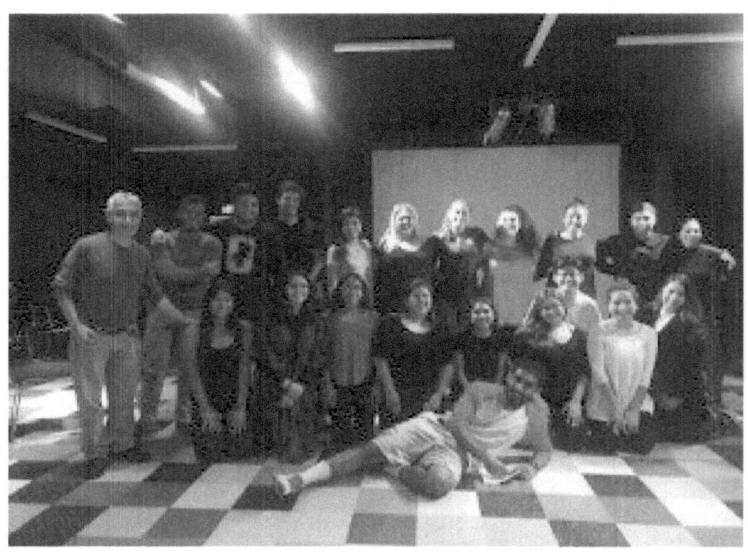

Elenco de *Pobrecitos*, 2018.

En cuanto a las improvisaciones, no admito explicaciones de lo que quisieron decir: deben mostrar lo que han elaborado o debatido en su grupo de trabajo. Los otros grupos ofician de resonancia: miran la escena, la comentan, la debaten o la recrean. Como tarea de cada clase, los estudiantes deben enviarme por correo electrónico la escena escrita (incluso si carece de diálogo). Voy archivando esas escenas y también mis notas (suelo permanecer en silencio durante y después de las improvisaciones) para elaborar el guion durante la semana de vacaciones de primavera (*springbreak*). A manera de *feedback*, la *construcción* del libreto está a mi cargo y es allí donde tengo que evitar la resistencia al sinthome que me interpela desde el lado de los estudiantes. Al regreso de las vacaciones, el proceso de ensayo se realiza de manera convencional, con la diferencia que, si bien partimos de un texto, dicho texto ha sido elaborado por ellos mismos y lo conocen mejor que nadie. La función directorial, sin em-bargo, no se cumple sobre criterios de autoridad, sino sobre un pacto de confianza, en el que ya los estudiantes admiten las marcaciones actorales –que no se hacen durante la etapa previa— como parte una responsabilidad artística: es el momento de hacer lo mejor para que el montaje se realice dignamente frente al público.

Mis criterios para la construcción del libreto son fundamentalmente técnicos: por ejemplo, que un estudiante no tenga demasiado texto (verbal o no verbal) o no esté en dos escenas sucesivas. Agrego las didascalias, construyo secuencias para establecer un ritmo escénico y/o para alcanzar cierta progresión hacia un climax final, a veces contundente, otras melancólico, pero siempre abierto, nunca clausurando el sentido. También intento limitar en lo posible la escenografía, que trato que sea completamente elemental y funcional (un par de sillas que pueden transformarse en muchas cosas), de igual modo que con la utilería. Usualmente, el vestuario se resuelve a la manera meyerholdiana, esto es, todos tienen un uniforme básico al que pueden agregar algún elemento cuando necesitan caracterizar su acción. Durante esos ensayos voy aprovechando los recursos de luz y sonido que me brinde la locación, o me las arreglo con elementos básicos, tales como linternas. En la medida de lo posible trato de reducir al mínimo el uso de la tecnología, como proyecciones o computadoras. Cuando es posible, prefiero la música en vivo realizada por estudiantes del Departamento de Música o solicito la colaboración de un técnico estudiantil para el manejo de la cabina de luz y sonido. Cuando surge la eventualidad de contar con un artista en residencia, lo invito a integrarse al proyecto, pero involucrado con el grupo, no como observador. Intento que el montaje asuma una dimensión despojada y económica, para que el público se enfoque en lo que importa: el trabajo realizado por los estudiantes y la significación del espectáculo. Durante esas últimas semanas (generalmente dos o tres) en que hacemos el montaje, también se diseña el póster y se procede a la promoción. Las funciones son solamente dos y con entrada libre y gratuita. En el caso de que no se haya llegado a un nivel óptimo de elaboración del montaje (lo cual ha ocurrido en alguna oportunidad), prefiero presentar el trabajo como un *work in progress*. Algunas escenas se representan y otras se leen, o bien admito que el estudiante actúe con el libreto en su mano. Y no se debe entender esto como una insuficiencia o fracaso de la praxis teatral. Incluso cuando un estudiante deja de asistir o alguien del público se retira en mitad del espectáculo, tampoco estamos necesariamente frente a un fracaso de la praxis teatral, el cual sería realmente tal si y solo si el estudiante o el miembro del público no quisieran tener nunca más nada que ver con el teatro como tal. Lo importante es proveer al público con un producto artísticamente digno que, a pesar de no pretender ser profesional, no deje dudas sobre la honestidad del trabajo, lo que Foucault llamaría la parresia o el coraje de la verdad de los estudiantes.[56]

El momento de mayor impacto entre los estudiantes participantes es cuando, en la primera clase después de las vacaciones, proveo el libreto, el cual se lee completo, mientras se asignan los roles. Es allí donde perciben agudamente cómo el resultado del juego, de las improvisaciones, de la locura que se permitieron, ha tomado una dimensión inesperada, no pensada, que los sorprende y los inspira durante el tiempo del montaje. Como lo plantea Jacques-Alain Miller, el psicoanálisis no responde a la ética kantiana de la intención sino a la hegeliana de las consecuencias: "Juzgar el acto por sus consecuencias, que el estatuto del acto depende de sus consecuencias, es para mí un principio de la política lacaniana" (2017, 97). Y si bien el acto tiene un origen, sus consecuencias se pueden aprehender retroactivamente: se comienza el trabajo, sin buscar nada, sino esperando el hallazgo; y se concluye con un espectáculo que, como consecuencia, da cuenta de un saber no sabido en el origen, pero captado ahora retroactivamente. En efecto, durante la primera parte del semestre donde, mediante los ejercicios, van desplegando su creatividad, no tienen manera de visualizar panorámicamente el espectáculo, su tema o su profundidad. Es al momento de la lectura del texto cuando se enfrentan a lo no sabido: situaciones inventadas para realizar un ejercicio, de pronto toman una dimensión inesperada, incluso siniestra. Y esa dimensión es la de un goce que está, si se sabe mirar y escuchar, en relación directa con el contexto socio-político del momento, no importa cuál sea el tema aparente del espectáculo.

A manera de cierre

La praxis teatral que funda la base de mi Workshop se propone como objetivo promover la creatividad fuera de los marcos académicos empecinados en producir un conocimiento; como lo mencionamos al

---

[56] Para Foucault, "la *parresia* es cierta actividad verbal en la cual el que habla mantiene una relación peculiar con la verdad a partir de la franqueza, cierta relación consigo mismo a partir del peligro, cierta relación con la ley a partir de la libertad y el deber y cierta relación con los otros a partir de la crítica, crítica de sí o crítica de los otros" (85). He trabajado este tema en extenso en relación a la praxis teatral en mi libro *Dramaturgia de frontera/Dramaturgias del crimen*.

principio, nuestra aproximación apunta a producir un saber, saber sobre el deseo y el goce inconscientes, saber difícil de poner en palabras. Que el estudiante extraiga de esta experiencia un conocimiento sobre el hacer teatral es completamente secundario. Y este objetivo apunta tanto a los estudiantes como al público. El espectáculo en sí, una vez más, no ha sido la finalidad; el Workshop tiene un objetivo que no pasa por la calidad ni completitud del espectáculo, sino por el proceso que llevó a él. Aunque los estudiantes no siempre verbalicen su apreciación o su nuevo posicionamiento o destitución subjetiva (a veces lo hacen en las evalua-ciones anónimas que completan una vez terminado el curso), lo cierto es que sus cuerpos hablan de otra manera, se relacionan con otros como no lo hacían antes y, fundamentalmente, incluso cuando el sentido del espectáculo pueda ser oscuro y hasta depresivo, ellos registran y se llevan un entusiasmo por la tarea cumplida, tal vez hasta ganas de ir o dedicarse al teatro, no importa si a dicha tarea se le adiciona cierto duelo o matiz depresivo por algo perdido y cierto estupor frente a ese "real" incurable al que han accedido, aunque precariamente, durante el semestre.

Si, como hemos visto, apelamos al juego y a la infancia, ambos reprimidos en los estudiantes y en el público, es precisamente para evitar el infantilismo de pensar que tanto estudiantes como público requieran ser educados. Educar es, como lo vio Freud, uno de los imposibles del psicoanálisis y eso lo enfatiza Benjamin cuando —alejándose a su manera de los postulados de la revolución bolchevique, escribe que "[t]he masses do no wish to be 'instructed' [because] their education is a series of catastrophes" (136).[57] Si el conocimiento académico es entendido como

---

[57] En su ensayo titulado "Goethe" (1926-1928), Benjamin se preocupa por la forma en que comienza a diseñar un discurso estético que atañe a la cuestión de la "revolutionary freedom" y de "the problem of the state" (169). Aborda cómo Goethe, alrededor de 1788, tiene una visión oscura de los movimientos revolucionarios, agravada por "his basic anarchistic attitud" (169). Lo que nos interesa, en el contexto de este ensayo, es considerar cómo Benjamin se aproxima al "ideal of the *Appenticenship* (education)" ligado a "the social milieu of the hero (the world of actors)" (179), porque, de contar aquí con el espacio suficiente para extendernos, podría llevarnos a especular una razón más para evitar en mi Workshop esta concepción educativa: en una sociedad, como la estadounidense, basada en un individualismo apoyado en el Ideal de héroe (sea bajo la máscara del líder político, del activista, del maestro, del deportista, del empresario exitoso o simplemente del trabajador que ha logrado por sus propios medios sobrevivir y ser ejemplo comunitario, realizar su "American dream"), la propuesta de una praxis teatral intenta en lo posible recuperar al prójimo, al otro, estableciendo cadenas de solidaridad y agencia en la que ya no sería posible ni deseable la acción salvadora y hasta redentora de un ser excepcional, de un héroe al que corresponderían, como supone la burguesía —particularmente con un teatro concebido como "instrument of sensation" (Benjamin 202)—ejecutar las acciones que, despóticamente o no, afectan a las mayorías (seducidas y manipuladas) a las cuales se les atribuye un mero rol subalterno y pasivo.

Artes y producción de conocimiento

una trasmisión de datos ofrecidos como evidencia de una investigación, el teatro escapa a estas determinaciones científicas e institucionales del discurso de la Universidad por cuanto aspira a ofrecer más "a visión than an experience" (Benjamin 159), algo que puede fácilmente observarse como limitación fatal de los Departamentos de Teatro. Como arte, el teatro apunta a desalienar al sujeto, desamarrarlo y hasta emanciparlo de las imposiciones de la cultura, del goce del Otro, para alcanzar el enigma de su propio goce y ponerlo a disposición del público, hacerlo social y políticamente responsable de las eventualidades de la repetición. Para concluir con palabras de Benjamin, a propósito de Meyerhold:

> *Art* is hard. It does not want one thing "to follow logically from another, it wants much to come from little" [...] it allows us a glimpse of what is happening in the machinery of passion behind the scenes, and shows us the simple cogwheels at work: the loneliness, fear, hatred, love, or defiance that underpins every action. And these forces should be understood not as "psychological motives" propelling the actors but as forces that find expression in their destiny (159).

Bibliografía

Batra, Anupa. "Women and Becoming-Woman: Deleuze and Feminism". http://www.academia.edu/2025415/_Women_and_Becoming-Woman_Deleuze_and_Feminism_
Benjamin, Walter. *Selected Writings*. Vol. 2 1927-1934. Cambridge, MA, and London, The Belknap Press of Harvard UP, 1999.
Bartís, Ricardo. *Cancha con niebla. Teatro perdido: fragmentos*. Buenos Aires, Atuel, 2003.
Deleuze, Gilles y Félix Guattari. *Mil mesetas. Capitalismo y esquizofrenia*. Valencia, Pre-textos, 2015.
Freed, *Donald. Freud and Stanislavski. New Directions in the Performing Arts*. New York, Vantage Press, 1964.
Foucault, Michel. *Discurso y verdad. Conferencias sobre el coraje de decirlo todo*. Buenos Aires, Siglo XXI Editores, 2017.
Geirola, Gustavo. *Dramaturgia de frontera/Dramaturgias del crimen. A propósito de los teatristas del norte de México*. Buenos Aires-Los Ángeles, Argus-*a* Artes y Humanidades/Arts & Humanities, 2018.
---. "La praxis teatral y lo política: la demanda, el teatrista, el público". *Revista telondefondo* (en prensa).
---. "Los cuatro discursos lacanianos y las dramaturgias". Argus-*a* Artes y Humanidades/Arts & Humanities 1.2, 2011, http://www.argus-a.com.ar/archivos-dinamicas/los-cuatro-discursos-lacanianos-y-la-dramaturgia.pdf.
---. "Más allá de la teatralidad del teatro: lo imaginario, lo simbólico y lo real. Un ejercicio de la praxis teatral." *Revista Contraluz* 2.II, 2010, pp. 5-17.
---. "Ensayando la lógica o la lógica del ensayo: Construcción de personaje y temporalidad de la certeza subjetiva." *Teatro XXI* 12.23, 2006, pp. 35-48.
Lacan, Jacques. *Otros escritos*. Buenos Aires, Paidós, 2012.
---. "Alocución sobre la enseñanza promulgada para la clausura del Congreso de la Escuela Freudiana de París". *Otros escritos*. Buenos Aires, Paidós, 2012 a, pp. 317-325.
---. "La equivocación del sujeto supuesto saber". *Otros escritos*. Buenos Aires, Paidós, 2012 b, pp. 349-360.
---. "Del psicoanálisis en sus relaciones con la realidad". *Otros escritos*. Buenos Aires, Paidós, 2012 c, pp. 371-380.
---. *Seminario 23 El sinthome*. Buenos Aires, Paidós, 2006.

---. *Seminario 15. El acto analítico*. Acheronta. Revista de Psicoanálisis y Cultura. Biblioteca J. Lacan, www.psicoanalisis.org/lacan/seminario15.htm.
---. *Seminario 2 El yo en la Teoría de Freud y en la Técnica Psicoanalítica*. Buenos Aires, Paidós, 1988.
---. *Seminario 11. Los cuatro conceptos fundamentales del psicoanálisis*. Buenos Aires, Paidós, 1987.
---. "La dificultad de vivir. Entrevista. *Revista Panorama*, Diciembre 1974, https://redaprenderycambiar.com.ar/la-dificultad-de-vivir-jacques-lacan/.
---. "Conferencia de Ginebra sobre el síntoma", https://lacanterafreudiana.com.ar/2.5.1.25%20%20%20%20CONFERENCIA%20EN%20GINEBRA%20SOBRE%20EL%20SINTOMA,%201975.pdf.
Laclau, Ernesto. *La razón populista*. Buenos Aires, Fondo de Cultura Económica, 2014.
Miller, Jacques-Alain. "Ninguna regla, todas las reglas". *Página 12*. Suplemento LAS12. 24 agosto 2018. https://www.pagina12.com.ar/137032-ninguna-regla-todas-las-reglas
---. *Política lacaniana*. Ciudad Autónoma de Buenos Aires, Colección Diva, 2017.
---. *Los miedos de los niños*. Buenos Aires, Paidós, 2017.
Pavlovsky, Eduardo. "Recuperemos el juego con nuestros hijos". *Psicología positiva* 21, Junio 2010, https://regalosdemisamigospoetas.blogspot.com/2013/06/recuperemos-el-juego-con-nuestros-hijos.html.
---. *La ética del cuerpo. Nuevas conversaciones*. Buenos Aires, Atuel, 2001.

Investigación desde y por las artes en el ambiente universitario peruano, caso Junín

Jorge Luis Yangali Vargas
Universidad Nacional del Centro del Perú

Resumen

Tenemos el propósito de reflexionar sobre el proceso de investigación en y por las artes en el sistema universitario peruano, puesto que desde el 2011 se han incorporado al sistema las escuelas e institutos de formación artística. En principio hablamos en plural de epistemes y de ese modo incluimos en la producción de conocimientos a las disciplinas artísticas. Asimismo, dejamos constancia que no está resuelto aún el giro decolonial que debiera asumir la formación universitaria de y en las artes. Luego, situamos el proceso de investigación artística en el plan de formación universitaria y la investigación con fines de graduación. Finalmente analizamos las posibilidades que se tiene si pensamos la investigación artística en vínculo con otras disciplinas como la salud, el medio ambiente, etc.

Abstract

We intend reflecting about the research process in and for the arts in the Peruvian university system. Since 2011, colleges and institutes of artistic training have been incorporated into the system. We start that discussion, speaking in plural *epistemes* and thus include in the production of knowledge, those of the artistic disciplines. Likewise, we note that the *decolonial* turn that should be assumed by the university education of and in the arts is not yet resolved. Then, we place the artistic research process in the university training plan and research for graduation purposes. Finally we analyze about the possibilities of thinking about artistic research in relation to other disciplines such as health, environment, etc.

Artes y producción de conocimiento

Introducción

Las universidades peruanas públicas creadas en el pasado siglo XX empezaron a operar con carreras profesionales de arte, es el caso de la Universidad Nacional del Centro del Perú (UNCP). Debido al modelo desarrollista y tecnocrático, dichos programas cerraron tan pronto como se crearon. No obstante, la práctica artística nunca dejó de ser común, redirigiéndose a la labor de extensión universitaria mediante talleres, mismos que funcionan hasta la actualidad y son de pintura, música, cerámica, danza folklórica y teatro. En esta segunda década del nuevo siglo, se ha reglamentado (Ley 29776, 2011 y Ley 30220, 2014) la homo-logación de las Escuelas de Formación Artística, concediéndoles el rango universitario[58]. En el departamento de Junín, donde la UNCP tiene influencia, son dos instituciones las que tienen dicho rango: la Escuela Superior de Formación Artística del Distrito de San Pedro de Cajas y el Instituto Superior de Música Público Acolla[59]. La concesión de la ley implica que estas entidades académicas generen acciones de investigación tales como la creación de una dirección de investigación, adecuación de sus planes de estudio orientadas a la obtención de grados y títulos mediante proyectos de investigación, y la exigencia a su plana docente a realizar estudios de maestría y doctorado, etc. Teniendo como telón de fondo el contexto descrito nos proponemos reflexionar en las siguientes líneas sobre el proceso de investigación artística.

Hacia las artes y epistemes

Uno de los más importantes aportes de teorías críticas como las de la subalternidad, la poscolonialidad, la decolonialidad y de modo especial la de las epistemologías del sur es hablar de epistemes y no monolíticamente de *episteme* (Espinosa et al.). Cuando nos referimos a su singularidad

---

[58] Proyecto de homologación impulsado por la Asamblea Nacional de Rectores (ANR) en 2011.

[59] La *Escuela Superior de Formación Artística* Pública *San Pedro de Cajas* se ubica en el distrito homónimo en la provincia de Tarma en una altitud de 4014 m s. n. m.; a 108 kilómetros de la ciudad de Huancayo donde se ubica la UNCP y a 285 kilómetros de la ciudad de Lima. La población de este distrito es reconocida en lo artesanal por sus tapices o alfombras. El Instituto Superior de *Música* Público *Acolla* se encuentra a una altitud de 3465 m s. n. m.; cercana a las provincias de Jauja, Huancayo, Tarma, La Oroya y a 280 kilómetros de Lima. Acolla es conocida con el nombre de "tierra de músicos".

la asociamos a la producción del conocimiento científico occidental y eurocentrado; mientras que, cuando la vemos como pluralidad nos permite, como a las feministas de Abya Yala, tejer de *otro modo* el conocimiento en el que se incluyen los saberes de los pueblos originarios, las experiencias estéticas, entre otros.

Al hablar de epistemologías, siguiendo la pluralidad sugerida por Boaventura de Sousa, nos distanciamos de la definición moderna que ha caracterizado esta disciplina filosófica. Pensamos a las epistemes tanto como productos y como proyectos. El entenderlas como productos implica situarlos en un sistema de producción cuya teleología les demanda la resolución de nuestras carencias y necesidades concretas o abstractas. En otras palabras, pensar las epistemes desde su condición final dentro de una cadena de producción, perpetúa las relaciones de injusticia cognitiva, toda vez que muy pocos privilegiados tienen la capacidad de adquirir, acumular, usar, desechar y beneficiarse de dichos bienes finales. Preferimos pensar las epistemes como procesos generadores de vínculos cotidianos inacabables. El objetivo de pensarlas de este modo es que los conocimientos no sigan sirviendo al engranaje de la maquinaria mercantilista sino desde una perspectiva antieconómica; por ende generadora de rentabilidades humanas más que lucrativas. En este sentido, validar los conocimientos artísticos ya no resulta un proceso imposible. Si antes, para ser considerados válidos, requerían ser replicables o reproducibles, siendo muchos de los productos artísticos únicos y algunos volátiles, como el performance o el grafiti, hoy, estos últimos conocimientos-experiencias son registrables, narrables, retransmitibles; esto es, reproducibles técnicamente (Benjamin).

Siguiendo a Espinosa, Gómez y Ochoa nos permitimos hablar del conocimiento no sólo como aquel que es tejido o "elaborado en la academia, sino también, del saber realizado en otros espacios sociales; o sea, esos saberes construidos al calor de la experiencia y de la vida" (17). Entre esos "otros" espacios se encuentran las geometrizadas por el arte en sus diversas realizaciones: pintura, teatro, danza, música, etc. Su realización tiende a ser una manifestación del compromiso y activismo de sus artífices. De ahí que muchos de ellos mismos o sus productos han pasado de ser objetos de estudio a ser sujetos generadores de conocimiento.

En la producción epistemológica se privilegian a las ciencias, en especial las naturales, como productoras casi exclusivas de conocimientos. No obstante, como lo señalan Silvia García y Paola Belén, la ciencia "no es el único modo de interpretar la realidad; existe además una aproximación a la misma desde el sentido común (siempre histórica y culturalmente condicionado) y un conocimiento mítico, mágico, religioso, filosófico y estético del mundo fenoménico" (92). A estos otros modos de conocer la realidad, Wilson Penilla, desde su experiencia en el teatro, añade mecanismos alternativos de conocimiento que devienen desde "el cuerpo y la experiencia individual y colectiva con el mundo" (139).

La demanda del mercado internacional universitario es la de responder al sistema generador de consumo continuo, de ahí que se priorice en esta institución el uso y aprendizaje de tecnologías que son de corta duración y altísimo grado de caducidad. Se sacrifica el aprendizaje de materias que tiene que ver con la generación de productos más duraderos y formativos, los cuales son posibles de construir desde las ciencias sociales, las humanidades y de manera especial desde las artes.

Un giro decolonial de la investigación artística

En el plano histórico John Fletcher, Agenor Sarraf y Ernani Chaves reseñan teóricamente el encuentro entre cultura y arte, entre los estudios e investigación de las ciencias sociales con la práctica y productos artísticos. Encuentro que se posibilita en la condición posmoderna que caracteriza la sociedad contemporánea (desde la segunda mitad del siglo XX en adelante, y analizada por dichos autores). Siendo las reflexiones de James Clifford y con él de otros antropólogos vinculados al Seminario de Santa Fe; de postura gadameriana y bakhtiniana (hermenéutica polifónica), una perspectiva integracionista de lo que inicialmente se consideraban dos campos separados: la cultura y las artes, Clifford parte de esquematizar la relación entre arte y cultura como "Uma máquina de fazer auntenticidade" (en Fletcher et al., 417)

De acuerdo a Clifford este sistema occidental de ficciones fronterizas clasificó los objetos y fenómenos artísticos entre estos dos polos (cultural o artístico). Clasificación que exigía miradas expertas para reconocer y diferenciar el arte de los demás productos culturales, dejando a muchas de las producciones "culturales" excluidas del sistema de autentificación. Sistema de exclusión de la diversidad que, como lo reseñan Fletcher, Sarraf y Chaves, da lugar a un debate académico en este grupo de antropólogos hermeneutas permitiendo que surjan nuevas agendas científicas, en el que de algún modo u otro emergen las voces de quienes se hallaban en las periferias globales. Debate en el que se cuestiona la excluyente mirada eurocentrada cuyo prejuicio racial instaura e instituye la colonialidad del ser, del saber, del ver y del oír.

En la formación colonial o decolonial del poder (Quijano), del saber (Grosfoguel), del ver y del oír (Barriendos, citado por Fletcher et al.), las escuelas de formación artística cumplen un rol reproductor o emancipador. En las instituciones por nosotros estudiadas observamos que su contexto y geolocalización periférica (ver la segunda nota de este artículo) les ha permitido asimilar las preocupaciones estéticas de sus entornos inmediatos, por lo que muchas de sus investigaciones y prácticas artísticas versan sobre la incorporación de materiales y símbolos "inauténticos" a las bellas artes de las que ellas son sus detentoras. Inautenticidad que viene de la artesanía y de las prácticas folklóricas.

En el terreno de las escuelas de formación artística y de las universidades peruanas, en la actualidad se tienen posturas opuestas en cuanto a invertir energías y recursos financieros que permitan realizar estudios decoloniales. Se consideran "superadas" las diferencias raciales como para invertir en ellas. Cuando de lo que se trata es de construir nuevas maneras de ser, sentir, actuar; proceso en el que la investigación desde y por las artes juega un rol fundamental, sea esta formativa, de tesis, tecnológica, mono o multidisciplinar.

Educar en arte en la formación universitaria

En el entendimiento común existe la percepción de cierta diferencia en las labores de una escuela de formación artística frente a una facultad universitaria. En el Perú se creía (y quizá aún hoy se percibe así) que quienes son formados en una Escuela de Bellas Artes se forman como creadores, mayoritariamente, o pedagogos de arte, una minoría; mientras que los que asisten a una Facultad o Licenciatura en Artes (esto es, en el ambiente universitario) adquieren algunas herramientas que también les permite realizar investigación artística y la gestión cultural. Desde las leyes de homologación de estas instituciones la percepción popular está cambiando.

En el Perú, de las 142 universidades existentes, 50 son públicas y 92 privadas (ver anexos). Sólo 17 tienen una facultad, carrera o maestría vinculada directamente con el arte; de éstas, cinco son públicas. La mayor oferta académica respecto al arte lo concentran la Universidad Nacional Mayor de San Marcos y la Pontificia Universidad Católica del Perú

Artes y producción de conocimiento

(PUCP), ambas funcionando en Lima[60]. La ubicación de las carreras de arte en el sistema universitario peruano es motivo de controversia pues algunas las sitúan en las ciencias sociales, como la Universidad Nacional de San Agustín de Arequipa, mientras que otras, en las humanidades; es el caso de la Universidad Científica del Sur, que incluye su carrera de Artes Escénicas en las ciencias humanas. En la PUCP las artes están dispersas entre las facultades de Letras y Ciencias Humanas, Artes Escénicas, y Arte y Diseño. En la Universidad de San Marcos, las artes se encuentran reunidas en la facultad de Letras y Ciencias Humanas.[61]

De las 50 instituciones educativas con rango universitario, 29 están vinculadas al arte (ver anexos). En el Norte tenemos escuelas en Piura, Trujillo, Cajamarca y Lambayeque, al sur, se encuentran en Puno, Cusco, Arequipa, Tacna e Ica; en el centro, en Ayacucho, Junín y Huánuco; 11 de los 24 departamentos cuentan con una escuela de arte (la región amazónica no posee ninguna institución artística). De las tres instituciones por nosotros observadas en el departamento de Junín, una tiene que ver con la formación de músicos y la otra con artistas plásticos; la universidad atiende a una parte de los docentes de ambas instituciones para permitirles optar sus posgrados.

La relación entre el arte y la escuela, y en particular con la universidad, se da de diferentes modos. Muchas universidades albergan en su interior valiosas piezas de arte acumuladas mediante diversas fuen-tes: donativos de los mismos artistas, trabajos por encargo (son frecuentes por ejemplos los murales y piezas escultórico-arquitectónicas). La tenencia de piezas artísticas, dependiendo de sus autoridades, es aprovechada para forjar la identidad material de su comunidad académica o, en el peor de los casos es motivo de descuido, por lo que dichas piezas son deterioradas y en ocasiones derruidas. Desinterés y descuido que tiene que entenderse porque el arte y sus productos artísticos no se entretejen con las funciones "propias" del sistema universitario; esto es, con la formación profesional y la investigación.

La presencia del arte en la educación superior universitaria, como lo destaca Ana Celia Chapa siguiendo a Raid, tiene que ver con la pre-

---

[60] La información fue recogida de la web http://www.universia.edu.pe/. En el portal de la Superintendencia Nacional de Educación Superior Universitaria (https://www.sunedu.gob.pe/) no se encuentran dichos datos.

[61] Habría que considerar que muchas de las universidades peruanas cuentan con una Facultad de Arquitectura que en sus planes de estudio contempla asignaturas asociadas al arte; es más, la *Organización para la Cooperación y el Desarrollo Económicos* (OCDE), al clasificar las carreras profesionales, incluye la arquitectura entre las disciplinas artísticas.

tensión de aproximar a los estudiantes "a otros lenguajes, otras formas de acceder al conocimiento, a través de la sensibilización, la experimentación, la imaginación y la creatividad" (28). Competencias atribuidas al artista que se espera asimilen los estudiantes en general. Utopía humanista que al curricularizarse adquiere la forma de una o cuanto mucho, dos asignaturas (electivas, generalmente) con un escaso número de créditos y horas lectivas[62]. En la UNCP las asignaturas de arte no forman parte de los planes de las carreras profesionales ni de los estudios generales. Su accionar se realiza en los talleres que complementan la formación profesional. Para que esta visión utópica del arte se concrete se debe trabajar con otras disciplinas y coadyuvar en trabajos multidisciplinares que reafirmen el valor de las competencias atribuidas al campo artístico. En esta línea de trabajo, Manuel Vieites y Gustavo Geirola reafirman el carácter formativo del teatro y con éste del arte en general, en la consolidación de competencias profesionales que los estudiantes no sabían que tenían.

En el terreno educativo se habla de educar el arte; esto es, como contenido curricular y educar para el arte, lo que implica la profesionalización artística de la persona. También se alude a educar a través del arte; esto es "utilizar las artes (recursos estéticos) en las estrategias educativas que se proponen, para intentar lograr metas supraeducativas no exclusivamente técnicas, que tienen que ver más con la mejora de la calidad de vida de la gente" (Chapa 27). En la actualidad, las posibilidades que tiene la escuela como vehículo formativo se han incrementado debido a su capacidad de aglutinar y promover en su interior procesos que no sólo tienen que ver con la reproducción cultural sino, y sobre todo, con quehaceres productivos.[63] Entre estos últimos tenemos la práctica artística, que en palabras de Aida Sánchez: "empuja los límites de lo que tradicionalmente se ha entendido por producción y transmisión de conocimiento, explorando la incertidumbre del significado y la heterodoxia metodológica, cuestionando a su vez las formas de validez científicas" (2).

El arte en las universidades que no cuentan con carreras de arte se traduce en actividades y asignaturas artísticas que tienen la función de acrecentar entre los estudiantes sus competencias para entender la obra de arte. En términos de Bourdieu (en Chapa 21) diríamos que se trata de hacer al alumno partícipe del goce de las obras de arte como una forma

---

[62] En Chile, resultó prometedora la noción de interdisciplina en las carreras de arte, al integrar disciplinas antes isoladas como la música, el grabado, la fotografía, la escultura, etc. (Véase el estudio de Villegas).

[63] El 2016, la revista *Artnodes* publicó un *dossier* en el que se analizan los cruces y tensiones entre educación y arte.

externa de afianzar y legitimar su posición privilegiada en el espacio social, mediante la acumulación de un capital cultural y estético. Para desprendernos de este enfoque reproductivo de desigualdades tendríamos que desacralizar el arte y definirlo como un producto que nos humaniza en su función comunicativa, y no como la manifestación de un espíritu superior o del genio falo-logocéntrico europeo y burgués. Lo que implica dejar de calificar a algunas expresiones estéticas como bellas y/o sublimes, que a su vez descalifican y se distancian de las meras artesanías, e implica considerar el aprendizaje democrático del goce estético un derecho de todo ciudadano.

Para nuestro estudio, un claro ejemplo democrático del arte ligado al estudiante tiene que ver con la experiencia de los murales pintados entre 2014 y 2016 por la *Cofradía en Blanco* (Ángulo 2016). Lamentablemente, las agencias universitarias de la UNCP no tuvieron la iniciativa de salvaguardar estas expresiones artísticas que no superaron lo inclemente del clima andino.

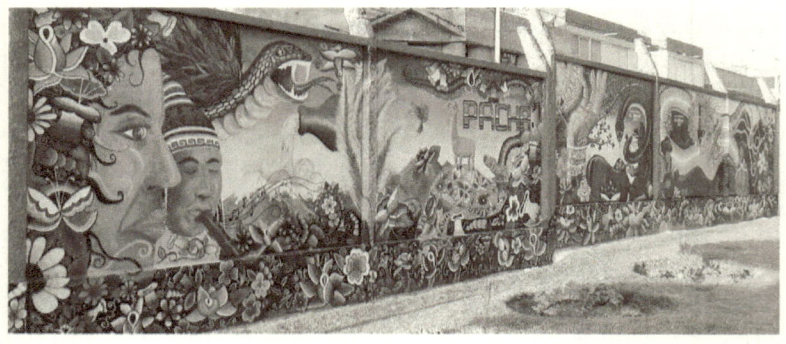

Portada de *Murales de Identidad En Blanco*,
10 de diciembre de 2017
(Fuente: Facebook. Mural al interior de la UNCP)

Según Reilly, citada por Sandra Silva-Cañaveral, este proceso desacralizador también tendría que ver con dejar de lado la asociación entre "saber con la certeza, dado que el arte no tiene por objetivo conseguir certezas" (50). Como ella misma precisa, no se trata de que el arte coexista con la ciencia a "la sombra del método científico" sino de responder una pregunta fundamental: "¿cómo se investiga y se genera conocimiento en la práctica?" (Silva-Cañaveral 50). Esta interrogante abre un abanico de posibilidades en la investigación artística, toda vez que, como venimos analizando, no se puede disociar el saber del arte de su correspondiente hacer (hacer arte, claro está). El arte se aprende, el arte se investiga pero también el arte aprende e investiga.

Investigar el arte

En el terreno de la formación de artistas desde una perspectiva historicista occidental Sonia Vicente (referenciada por García y Belén) propone tres modos: el empirista, el académico y el profesional. Éste último legitima la universidad contemporánea que además de la formación en un lenguaje artístico en específico, contempla el desarrollo de habi-lidades teóricas que le permitan aproximarse a la realidad mediante procesos investigativos que conlleven el análisis de los procesos culturales y comunicacionales. Como Silva-Cañaveral explica, las disciplinas de creación, en especial las artísticas, no se han auto "marginado de la esfera académica de la investigación porque carezcan de relaciones conceptuales, teóricas o epistemológicas, sino porque la estrechez de la definición de investigación proveniente del saber científico ha dejado por fuera la contribución [de la producción del conocimiento desde la] práctica" (59).

Pensar la relación entre investigación y arte pasa por situar el quehacer del arte y/o el acto de investigar. Este lugar, privilegiado del acto de investigar en toda la historia moderna, es la escuela[64]. Si bien el artista puede eludir su paso por la escuela; el investigador tendrá menos margen de hacerlo debido a la posición privilegiada de la escuela como el lugar de enunciación del discurso científico y epistemológico.

La investigación ayuda al artista profesional y, de modo particular, al docente de educación superior, a validar su rol como investigador (Soto Silva et al.). Guadalupe Arqueros considera que "el desarrollo de las artes visuales no viene dado por la investigación de datos contextuales sino por la producción de obra y las innovaciones" (2017, 56). Concepción que delinea dos caminos fértiles de la investigación, una que tiene que ver con la investigación de las artes y la otra con la investigación artística. Abarcando la primera todas aquellas indagaciones en las que el arte se constituye en objeto de estudio; mientras que la segunda procura la "constitución de nuevos lenguajes y obras" (Arqueros, 2017. 56).

---

[64] Entendemos a la escuela como toda institución de formación, pudiendo adquirir diversas designaciones: Escuela de Arte, Instituto de Artes, Facultad de Arte u otras con equivalente nominación.

Artes y producción de conocimiento

Por su parte Henk Borgdorff (citado por García y Belén 101) distingue tres tipos de investigación en este campo: investigación acerca de las artes, investigación para las artes e investigación en las artes o artística. La primera asociada a las ciencias sociales y humanidades y la segunda de carácter instrumental, que contribuye a realizar innovaciones en el objeto artístico. La tercera tiene que ver con la posibilidad del arte de generar conocimiento y poseer una metodología propia, esto es, alcanzar el estatus de ciencia. En el terreno de lo literario fueron los formalistas rusos quienes pretendieron construir una ciencia literaria, la que actualmente es entendida y trabajada en las universidades como "teoría". En el ámbito teatral, Manuel Vieites (18) nos habla de estudios teatrales e investigación en el teatro, este último tiene carácter más técnico.

En el terreno de la investigación artística entrelazada a la educación, tanto la Universidad Nacional del Centro del Perú como la Escuelas de Bellas Artes y la de Música han abundado en monografías y reportes etnográficos. Esta cercanía con la educación ha hecho que en la actualidad sus investigaciones conserven muchas de las metodologías y diseños de investigación provenientes del campo pedagógico.[65] Los mismos artistas-docentes de estas instituciones desarrollan investigaciones asociadas a la educación. Ante esta realidad se hace necesaria la especialización de los tales en la investigación artística propiamente dicha; o, aprovechando su experiencia interdisciplinar, orientar sus trabajos a lo multidisciplinario en campos como la etnología, salud, ingenierías, tecnologías, etc.[66]

Desde 2011, estas instituciones vienen implementando protocolos de investigación para que sus graduados concluyan sus estudios con un informe de investigación. Los primeros egresados reconocidos por el sistema universitario los tendremos en 2019. Las líneas de investigación de estas instituciones abarcan la promoción de técnicas que vinculan aquellas propias del arte plástico con las de las poblaciones que las circundan. Tenemos, por ejemplo, en el caso de la Escuela de Bellas Artes, las pinturas que emplean como soportes los tapices o alfombras elaborados por los artesanos del lugar (ver imagen); por su parte la Escuela de Música de Acolla incide en la investigación musical etnográfica para partiturizar melodías folklóricas propias de su entorno. Otra línea de investigación es aquella que tiene que ver con la docencia. La Escuela de Acolla fue creada

---

[65] El estudio de Fernando López Calatayud y María Ángeles Bermell Corral vendría a corroborar esta tendencia también en España.

[66] En Chile, Villegas precisa que las dos carreras más destacadas en el terreno del arte son Licenciatura en Arte y Educación Artística. Numéricamente las que más cobertura geográfica y de matrícula tienen son las Artes Visuales.

expresamente para formar docentes de música: a partir de 2009 tiene la misión de formar músicos.

Entre la práctica artística y la reflexión teórica al interior de las escuelas de arte las posiciones son encontradas, pues se considera que lo que se espera de un artista profesional es que su interpretación, su actuación o su cuadro sean buenas obras de arte, por lo que sus reflexiones teóricas sólo se justifican en la medida que el producto práctico sea "bueno".

Arqueros pone énfasis en el acto de escritura de la tesis o memoria entendiéndola como un recurso de auto observación en el que el artista, observador, se distancia de su producto, o sistema de observación, para no sólo cuantificar sino, y sobre todo, para construir un mundo de percepción holista donde "quien investiga como los sujetos se encuentran atravesados por los rasgos de cultura y educación que son los del uso de su comunidad" (Arqueros, 2017, 62-63)[67].

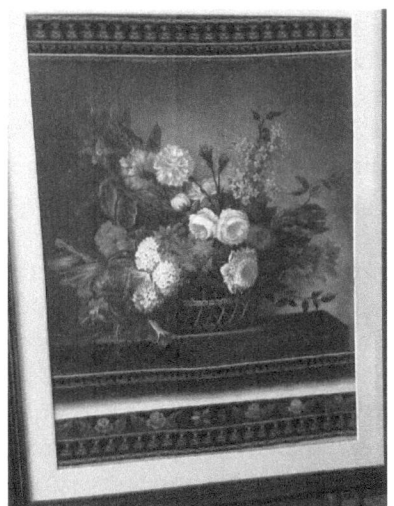

Sin título. Técnica Mixta.
Patrimonio de la Escuela Superior de
Formación Artística Pública San Pedro de Cajas
(La parte inferior del lienzo es una alfombra de los artesanos del lugar)

Ampliando el argumento de Arqueros (2015), entender la escritura científica como recurso de auto observación implica que su autor o autora

---

[67] Arqueros (2015) ofreció un caso particular en su propuesta de investigación artística, cuando se dedicó al análisis de los productos artísticos resguardados en la casa y museo "El fogón de los arrieros" en Argentina.

no limita o reduce su subjetividad –aunque una particularidad de la escritura científica sea la objetividad–, más bien trata de traslucir sus marcas de identidad individual y colectiva (Haraway, citado por Silva-Cañaveral 52). Motivo por el cual Silva-Cañaveral, y con ella la academia colombiana –emulando a Fals Borda y su investigación-acción participativa–, proponen el nexo de ambos procesos en lo que vendría a ser la investigación-creación definida como "modelo de relación entre los seres humanos y sus contornos de saber, que forma y deforma el conocimiento sensible desde lo individual, lo grupal y lo social. Lo que sus artefactos y prácticas producen son procesos de comprensión sobre el funcionamiento de las sociedades" (2016 54). Esta definición nos lleva a disociar, pero al mismo tiempo a complementar el proceso de investigación con el proceso de creación.

Una de las tendencias de investigación en arte es que esta concluya en una producción artística: un cuadro, una interpretación musical una pieza dramática, etc. Producto que es resultado de la reflexión teórica sobre la disciplina artística en específico, la indagación en el tema, el análisis del público, los recursos a ser empleados, entre otros factores que le dan profundidad y memoria monográfica al producto final. En nuestras instituciones estudiadas, este tipo de investigación consiste en presentar, adjunto a la tesis, la obra artística (pintura, escultura o partitura) que forma parte del patrimonio de la institución. La participación en la investigación sigue siendo individual y monodisciplinar. Los trabajos de investigación aún no incorporan en su proceso la labor colectiva y menos la creación de vínculos con otras disciplinas. El que las instituciones de formación artística tengan rango universitario les ha dado valor añadido a su labor práctica como artistas profesionales. Añadido que les hace merecedores para ser considerados investigadores de arte; labor que es legitimada por la institucionalidad universitaria que en el Perú recae en dos importantes instituciones: la Superintendencia Nacional de Educación Superior Uni-versitaria (SUNEDU) y el Consejo Nacional de Ciencia, Tecnología e Innovación Tecnológica (Concytec).

Para no concluir: la investigación artística hacia otros entretejidos

La investigación en el área de salud ha venido trabajando de modo sistemático con las diversas disciplinas artísticas. Es reconocido el aporte del proyecto que dirige Patch Adams en el mundo. En el Perú se tiene el proyecto conjunto entre *Bolaroja* y *Gesundheit! Institute*[68]: ambos han impulsado la presencia y formación de médicos *clown*. En su carta de despedida del proyecto, Wendy Ramos (de *Bolaroja*) destaca el rol de los *clowns* hospitalarios y especifica haber generado con su equipo "tres estudios científicos con Doctores Bolaroja y tres tesis realizadas alrededor de distintos aspectos de nuestro trabajo" (s/n).

Siguiendo a Noemí Ávila (123) en su propuesta de integrar arte y salud,[69] replanteamos el *diamante del arte* y la vinculamos con *otras disciplinas*. Ávila propuso el diamante a partir de lo sugerido por Macnaughton.

Este diamante sirve de modelo metodológico para identificar y ubicar las prácticas artísticas en relación a los procesos de investigación, que en el caso del área de salud en España fueron implementados por el proyecto *curArte I+D*, que según Ávila, realizó acciones que "van desde la humanización de espacios sanitarios, intervenciones artísticas, pasando por implementación de programas de talleres de arte con niños y adolescentes, hasta programas de artistas invitados en centros hospitalarios" (124).[70] Modelo que orienta las investigaciones del arte para vincularlas con otras disciplinas, como las ingenierías y la administración, que al igual que el área de salud posee sistemas "expertos".

El hospital es considerado como un *sistema experto*, y por consiguiente inaccesible, toda vez que como institución "maneja saberes del estamento profesional médico, farmacológico y quirúrgico demasiado complejos como para que los usuarios puedan acceder fácilmente a ellos" (Ávila 130). En este ámbito las artes pueden, como sugiere *curArte I+D*, ofrecer "espacios de encuentro para humanizar y mejorar estas relaciones entre los usuarios y pacientes de estas instituciones" (Ávila 130).

En otra fibra del tejido se encuentra la búsqueda de un encuentro epistemológico entre arte y tecnología. Es conocido el proyecto editorial *Leonardo* del MIT, que procura vías para la interconexión entre arte, ciencia y tecnología. Los artistas le quitan a la tecnología su función utilitaria y le restituyen su factor experimental y exploratorio. También se hallan en este

---

[68] Visítese las plataformas: http://www.bolaroja.pe/nosotros/ y http://www.patchadams.org/.

[69] También en el área de la salud puede verse el trabajo realizado por Ana Chapa en México, al emplear el teatro (el *role playing*, en concreto) y las películas para reducir el estrés de pacientes infectados con VIH/Sida.

[70] *CurArte I+D* es un proyecto que se inicia en el 2003, por iniciativa del Departamento de Didáctica de la Expresión Plástica de la Universidad Complutense de Madrid y el Departamento de Psicología Social de la Universidad de Salamanca (Ávila).

Artes y producción de conocimiento

frente los productos que se obtienen de relacionar biotecnología y arte, como el proyecto *Extra ear* (2006) de Stelarc, que luego de criar un tercer oído mediante microcirugías lo ha insertado en su cuerpo, llegando a resignificar lo vivo por lo "operativo" (en Tornero 96). La incursión recíproca del arte en la tecnología y viceversa derriba las fronteras de los géneros culturales. Los artistas no han dejado de existir y más bien coexisten con los nativos digitales; muchos de ellos también lo son, y los formatos en los que expresan su goce estético son tecnológicos. Se trata de tendencias artísticas contemporáneas que emergen de estos nuevos vínculos multidisciplinares entre arte y ciencia y su correspondiente quehacer investigativo.

En el Perú las prioridades trazadas por el Sistema Nacional de Ciencia y Tecnología e Innovación Tecnológica, SINACYT, y su entidad rectora, Concytec, son cinco: Valoración de la Biodiversidad; Ciencia, Tecnología y de Materiales; Ciencia y Tecnología Ambiental, Biotecno-logía, Ciencias Básicas y Tecnologías de la Información y Comunicación[71]. Priorización que es bien aprovechada por el sistema privado de educación superior que profesionaliza en materias como Diseño y Comunicación Audiovisual, de cercano vínculo con lo priorizado por el SINACYT; dejando a las entidades públicas la formación profesional en las otras artes y humanidades, ajenas y lejanas a los beneficios que conlleva el hacer investigación financiada. Por lo mismo, se hace necesario repensar las investigaciones puramente artísticas y acercarlas a las investigaciones financiadas, por ende, planteadas multi o transdisciplinares.

Creemos que éstos son algunos de los horizontes que enriquecen el tejido epistemológico de las escuelas de arte y las universidades, quedando la tarea de realizar trabajos en grupos de investigación con integrantes nacionales e internacionales, multidisciplinares o, cuando menos, conformar redes de investigación artística en el mundo virtual. Estamos todos convocados.

---

[71] Véase el portal de CONCYTEC
https://portal.concytec.gob.pe/index.php/publicaciones/programas-nacionales.

Bibliografía

Ángulo, César. "Murales con identidad andina." *Revista Andina Tinkuy* 1, 2016, pp. 104-133.

Arqueros, Guadalupe. "Una técnica de las ciencias sociales: Escritura y auto observación en la investigación en artes." *Perspectivas Metodológicas,* vol. 19, no. 2, 2017, pp. 55-65.

---. "Investigación en el campo del arte. Presentación de un caso y niveles de anclaje". *Revista Latinoamericana de Metodología de las Ciencias Sociales,* vol. 5, no. 2, 2015.

Ávila Valdés, Noemí. "Un modelo de integración de arte y salud en España: el proyecto curArte I+D". *Hacia la Promoción de la Salud,* vol. 18, no. 1, 2013, pp. 120 – 137.

Benjamin, Walter. "La obra de arte en la época de su reproductibilidad técnica". *Discursos interrumpidos I.* Buenos Aires, Taurus, 1989, pp. 16-57.

Chapa Romero, Ana Celia. "Educar a través del arte. ¿Un modelo plausible para la educación superior en México?". *Psicología y Educación Integral,* vol. 4, no. 7, 2014, pp. 15-35.

Marín García, Teresa. "Claves para tomar posición en los debates sobre investigación artística: conflictos y retos de un saber múltiple, cambiante y cuestionador. Contexto español (1978-2017)." *Artnodes,* vol. 20, 2017, pp. 39-47.

De Sousa Santos, B. *Una epistemología del Sur.* Traducción de José Guadalupe Gandarilla. Buenos Aires, CLACSO/Siglo XXI Editores, 2009.

Espinosa, Yuderkys, Diana Gómez y Karina Ochoa (Eds.). *Tejiendo de otro modo: Feminismo, epistemología y apuestas descoloniales en Abya Yala.* Popoyan, Universidad del Cauca, 2014.

Fletcher, John, Agenor Sarraf y Ernani Chaves. "Conversações entre artes e ciências sociais nos limites do contemporâneo". *Amazôn., Rev. Antropol,* vol. 7, no. 2, 2015, pp. 403-427.

Geirola, Gustavo. *Pedagogía del deseo: la creatividad teatral en español en la universidad estadounidense.* Ponencia presentada en el 56° Congreso Internacional de Americanistas, Salamanca, 2018.

García, Silvia Susana y Paola Sabrina Belén. "Perspectivas ontológicas, epistemológicas y metodológicas de la investigación artística". *Paradigmas,* vol. 3, no. 2, 2011, pp. 89-107.

Gesundheit! Institute. "Festival de Belén". *Patchadams.org*. 2016. Recuperado el 30 de mayo de 2018, patchadams.org/global-outreach/about-en-belen-espanol/

Grosfoguel, Ramón. "Hacia un pluri-versalismo transmoderno decolonial". *Tabula Rasa,* no. 9, 2008, pp. 199-215.

López Calatayud, Fernando y María Ángeles Bermell Corral. "La especialidad de Música del Máster de Profesor de Educación Secundaria. Análisis de los planes de estudio de las universidades españolas ofertantes". *Revista de Investigación en Educación,* vol. 14, no. 2, 2016, pp. 205-219.

Ministerio de Educación del Perú. *Ley 30220. Ley Universitaria.* 2014, minedu.gob.pe/reforma-universitaria/pdf/ley_universitaria.pdf.

Penilla, Wilson. "Investigación formativa para licenciados en artes escénicas". *Paradigmas,* vol. 4, 2012, pp. 125-139.

Quijano, Aníbal. "Colonialidad del poder, eurocentrismo y América Latina". Edgardo Lander (Comp.). *La colonialidad del saber: eurocentrismo y ciencias sociales. Perspectivas Latinoamericanas.* Buenos Aires, CLACSO, 2000. bibliotecavirtual.clacso.org.ar/ar/libros/lander/quijano.rtf.

Ramos, Wendy. "Defendamos la alegría, siempre". *Bolaroja*. 2016. Recuperado el 30 de mayo de 2018, facebook.com/notes/bolaroja/defendamos-la-alegr%C3%ADa-siempre/10153778687141361

Sánchez de Serdio Martín, Aida. "Arte y educación: la necesidad de un encuentro incómodo entre esferas que se interrogan". *Arte y educación* [nodo en línea]. *Artnodes,* vol. 17, 2016, pp. 2-5. Recuperado en UOC. doi.org/10.7238/a.v0i17.3012.

Silva-Cañaveral, S. J. "La investigación-creación en el contexto de la formación doctoral en diseño y creación en Colombia". *Revista de Investigación Desarrollo e Innovación,* vol. 7, no. 1, 2016, pp. 49-61. Recuperado en doi.org/10.19053/20278306.v7.n1.2016.5601

Soto Silva, I., P. Alvarado Toledo y J. Ferrada Sullivan. "Pensar y re-pensar la producción académica en el campo de las artes: una reflexión a partir de las experiencias docentes en una universidad al sur de Chile". *Cuadernos de Música, Artes Visuales y Artes Escénicas,* vol. 11, no. 2, 2016. Recuperado en doi.org/10.11144/Javeriana.mavae12-1.prpa

Tornero, P. "Epistemología artístico-científica contemporánea: una paradoja aún sin resolver". *Revista Kepes,* vol. 13, 2016, pp. 73-97. Recuperado en doi.org/10.17151/kepes.2016.13.13.5

Vieites García, Manuel Francisco. "La investigación teatral en una perspectiva educativa: retos y posibilidades". *Educatio Siglo XXI,* vol. 33, no. 2, 2015, pp. 11-30. Recuperado e doi.org/10.6018/j/232671

Villegas, Ignacio. "Perfil de las licenciaturas en arte del Sistema universitario chileno". *Calidad en la Educación,* vol. 36, 2012, pp. 219-231.

Anexo

Universidades peruanas con carreras profesionales o posgrados en arte

Arequipa. Universidad Nacional de San Agustín: Artes, Literatura, Maestría en Artes.

Lambayeque. Universidad Señor de Sipán: Artes & Diseño Gráfico Empresarial.

Lima. Instituto San Ignacio de Loyola: Diseño Gráfico.

Lima. PUCP: Música, Danza, Pintura, Escultura, Diseño Gráfico, Grabado, Teatro, Arte, Moda y Diseño Textil, Maestría en Literatura Hispanoamericana, Maestría en Estudios Culturales, Maestría en Artes Escénicas, Maestría en Historia del Arte y Curaduría.

Lima. Universidad César Vallejo: Arte y Diseño Gráfico Empresarial.

Lima. Universidad Científica del Sur: Artes Escénicas

Lima. Universidad de Ciencias y Artes de América Latina: Diseño Gráfico y Comunicación Audiovisual y Cine.

Lima. Universidad Jesuita del Perú, Antonio Ruiz de Montoya: Maestría en Creación Artística Interdisciplinaria.

Lima. Universidad Nacional de Educación Enrique Guzmán y Valle: Tecnología del Vestido, Artes Industriales, Ebanistería y Decoración.

Lima. Universidad Nacional Federico Villarreal: Literatura.

Lima. Universidad Nacional Mayor de San Marcos: Danza, Arte, Doctorado en Historia del Arte, Doctorado en Literatura Peruana y Latinoamericana, Maestría en Literatura con mención en Literatura Peruana y Latinoamericana, Maestría en Escritura Creativa, Maestría en Literatura con mención en Estudios Culturales.

Lima. Universidad Peruana de Arte Orval: Dirección de Artes Gráficas y Publicitarias.

Lima. Universidad Peruana de Ciencias Aplicadas: Música, Diseño Profesional Gráfico, Diseño y Gestión en Moda, Artes Escénicas.

Lima. Universidad Peruana Unión: Educación Musical y Artes.

Lima. Universidad Ricardo Palma: Maestría en Museología y Gestión Cultural, Educación por el Arte.

Artes y producción de conocimiento

Lima. Universidad San Ignacio de Loyola: Diseño y Gestión de Marca, Arte y Diseño Empresarial.

Puno. Universidad Nacional del Altiplano: Artes Plásticas, Música y Danza.

Escuelas peruanas de arte con rango universitario

Ancash. Escuela Superior de Formación Artística Pública Áncash (ESFAP-ANCASH).

Arequipa. Conservatorio Regional de Música Luis Duncker Lavalle, denominado Conservatorio Regional de Música Luis Dancker Lavalle.

Arequipa. Escuela Nacional de Arte Carlos Baca Flor de Arequipa.

Ayacucho. Escuela Superior de Formación Artística Pública Condorcunca de Ayacucho.

Ayacucho. Escuela Superior de Formación Artística Pública Felipe Guamán Poma de Ayala de Ayacucho.

Cajamarca. Escuela Superior de Formación Artística Pública Mario Urteaga de Cajamarca.

Lambayeque. Escuela Superior de Formación Artística Pública Ernesto López Mindreau.

Cusco. Escuela Superior Autónoma de Bellas Artes Diego Quispe Tito del Cusco.

Cusco. Instituto Superior de Música Público Leandro Alviña Miranda del Cusco

Huánuco. Instituto Superior de Música Público Daniel Alomía Robles de Huánuco.

Ica. Escuela Superior de Formación Artística Sérvulo Gutiérrez Alarcón de Ica.

Ica. Escuela Superior de Música Pública Francisco Pérez Janampa.

Moquegua, Juliaca. Escuela Superior de Formación Artística Pública de Juliaca (ESFAP- Juliaca).

Junín. Escuela Superior de Formación Artística del Distrito de San Pedro de Cajas.

Junín. Instituto Superior de Música Público Acolla-Jauja-Junín.

Lima. Conservatorio Nacional de Música.

Lima. Escuela Nacional Superior Autónoma de Bellas Artes del Perú.

Lima. Escuela Nacional Superior de Arte Dramático Guillermo Ugarte Chamorro.

Lima. Escuela Nacional Superior de Ballet.

Lima. Escuela Nacional Superior de Folklore José María Arguedas.

Lima. Escuela Superior de Formación Artística Conservatorio de Lima Josafat Roel Pineda.

Piura. Escuela Superior de Arte Pública Ignacio Merino de Piura.

Piura. Escuela Superior de Música Pública José María Valle Riestra de Piura.

Puno. Escuela Superior de Formación Artística Pública de Puno (ESFAP-PUNO).

Puno. Escuela Superior de Formación Artística Pública Pilcuyo - Ilave de Puno.

Tacna. Escuela Superior de Formación Artística Pública Francisco Laso de Tacna.

Trujillo. Conservatorio Regional de Música del Norte Público Carlos Valderrama.

Trujillo. Escuela Superior de Arte Dramático Virgilio Rodríguez Nache.

Trujillo. Escuela Superior de Formación Artística Pública Macedonio de la Torre.

El *laboratorio de puesta en escena* en la formación universitaria: ¿doxa o episteme?
Hacia un laboratorio de puesta en escena situado

Gunnary Prado Coronado
Universidad Michoacana de San Nicolás de Hidalgo
Universidad Autónoma Metropolitana Unidad Iztapalapa

Resumen

La idea de un "Teatro Laboratorio" recuperada de las prácticas teatrales europeas, particularmente, del Teatro Laboratorio de Jerzy Grotowski en los años 60 en Polonia, se incorporó al plan de estudios de oferta formativa de la naciente carrera de teatro de la Universidad Nacional Autónoma de México en la década de los años sesenta; y de ahí tuvo diversos desplazamientos al resto de las carreras de teatro de las universidades de México hasta nuestros días. Esta noción se establecía como el espacio privilegiado para la investigación y experimentación teatral al interior de las aulas universitarias. En el presente artículo estableceré que no ha sido más que una importación de la *doxa* científica; y a partir de las reflexiones de un caso particular propongo la recuperación del laboratorio de puesta en escena situado, como estrategia de formación profesional.

Abstract

The idea of a "Theater Laboratory" recovered from the European theatrical practices, particularly, the Theater Laboratory of Jerzy Grotowski in the Sixties in Poland, was incorporated into the curriculum of formative offer of the nascent theater career Universidad Nacional Autónoma de México by the same dates, and from there it had diverse displacements to the rest of the theater races of the universities of Mexico until our days. This notion was established as the privileged space for the research and theatrical experimentation within the university classrooms. In the present article I will establish that it has not been more than an import of the scientific doxa; and from the reflections of a particular case I propose the recovery of the "Theater Laboratory Located", as a strategy of professional training.

Artes y producción de conocimiento

Introducción

Las carreras profesionales en teatro en la provincia mexicana surgieron imitando el modelo educativo de la Universidad Autónoma de México que en 1934 abriera el Taller de Práctica teatral coordinado por el maestro Fernando Wagner, tal como fue el caso de la Licenciatura de Teatro de la Facultad Popular de Bellas Artes (FPBA) de la Universidad Michoacana de San Nicolás de Hidalgo (UMSNH), inaugurada en el año 1996. Los procesos de actualización curricular de la mencionada carrera son de apenas una década, y su implementación de apenas dos años. De manera absolutamente parcial, en el recuento de los años de implementación del rediseño curricular, este no parece referenciar cabalmente el acontecer del campo teatral local, que evidentemente se moviliza en un tropel mucho más veloz.

Es probable que este fenómeno (donde no se corresponden directamente la formación profesional con las demandas del campo cul-tural y artístico) suceda en otras universidades, pese a ello, en México, las universidades (sobre todo las públicas) han sido el espacio de formación teatral profesional con las mejores condiciones para la renovación del teatro nacional. Los inicios de la Universidad Nacional Autónoma de México fueron al principio de los años treinta del siglo pasado: "[…] Nuestra historia comienza el 30 de agosto de 1934, […] Dicha asignatura tenía por nombre *Práctica teatral* y estaba a cargo del maestro Fernando Wagner, […] El 7 de Octubre de 1941 se agrega un curso más, el de *Análisis del texto teatral,* a cargo del maestro Rodolfo Usigli." (Historia. Los inicios 2018). Hay que notar que, desde el principio, la práctica teatral universitaria se distinguió por sus intenciones renovadoras, tal y como nos lo relata el crítico Armando María y Campos:

> [en relación a la puesta de *Peribáñez o el comendador de Ocaña*[72]] el arreglo moderno para simplificar escenarios; afortunado y muy a tono con la obra y con las dificultades materiales que ofrece el teatro del Palacio de Bellas Artes; el decorado corpóreo del joven artista húngaro-mexicano Günter Gerzso, resuelto con cortinas, columnas, volúmenes en vez de paredes;

---

[72] El éxito de este primer curso se dejó ver un año después, cuando con alumnos universitarios y en conmemoración del tricentenario de la muerte de Lope de Vega, Wagner escenificó en el Palacio de Bellas Artes, *Peribáñez y el comendador de Ocaña.*

luces y sombras que le dieron una gravedad sencilla y noble, muy a ritmo con la acción y el espíritu de la obra, trazada de acuerdo con la primitiva escenografía de hace tres siglos (Cit. en Wagner y Mesa 20).

Josefina Brun (1988), historiógrafa teatral nos compartiría al respecto de este montaje: "Wagner presentó la obra de Lope ignorando todo el peso de la vieja escuela española de la actuación redescubriendo la belleza del espacio vacío y la pronunciación natural" (Cit. en Wagner y Mesa 20). Por estos testimonios se puede concluir que gracias a Wagner y los creadores que lo acompañaron en los espacios de formación teatral que la Universidad Nacional ofrecía sobre todo un trabajo "novedoso", "de búsqueda", muy en acorde con la influencia de las vanguardias europeas, con las que Wagner estaba en contacto gracias a sus años de estudio con Max Reinhardt.[73] Sin duda esta inercia renovadora (aquella que dicta que el punto de vista decisivo no está en el texto literario sino en la práctica teatral que realiza el actor sobre la escena) se sostiene hasta hoy en día en la Universidad Nacional, y de ahí se ha contagiado al resto de las universidades públicas del país.

Ya se mencionaba que en el año 1941 se incorpora Rodolfo Usigli con su curso de Análisis del Texto Teatral y en 1944, Enrique Ruelas Espinosa se suma como director escénico. En esta tríada se observa sobre todo una enfática formación a partir de la experiencia práctica (asunto que también se sostiene hasta la fecha), ya que los tres, Wagner, Usigli, Ruelas, estaban capacitados en la práctica escénica, la escritura dramática y la realización teatral; no obstante, la formación teórica nunca se abandonó, por el contario, a través de estos excepcionales creadores mexicanos, los aspirantes a la profesión teatral encontraron un equilibrio entre cultura general, práctica artística y teoría, como lo podemos constatar en la si-guiente reflexión del propio Wagner, en donde proponía acabar con el mito de la improvisación (obviamente una que estaba sobre todo susten-tada en el

---

[73] En consideración a la relevancia que tuvieron los años de aprendizaje de Wagner con Reinhardt, resulta importante traer a esta exposición las ideas sobre la práctica teatral que Max Reinhardt profesaba en 1901: "Hay un solo objetivo para el teatro: el teatro mismo. Yo creo en un teatro que pertenezca al actor. El punto de vista literario, como en previas décadas, no debe ser el decisivo. Esto pasaba porque los hombres de letras dominaban el teatro. Yo soy un actor, siento como los actores y para mí el actor es el foco natural del teatro. Él lo fue en todas las grandes épocas del teatro. El teatro debe al actor su derecho a mostrar en todos lados, de ser activo en varias direcciones, de desplegar su alegría en la travesura y en la magia de la transformación" (Reinhardt, Cit. en Braun 122).

texto literario) como técnica hegemónica en la creación escénica. Al respecto dice:

> Mito que se ha conservado hasta hoy y tiene, sin duda, un fondo de verdad: el actor sólo puede formarse dentro de su propio trabajo, como el pintor a fuerza de pintar. Pero esta sobreestimación del valor de la práctica ha creado la impresión de que no se necesita más que una buena figura y desinteresarse en absoluto del otro trabajo menos emocionante y más aburrido ... [respecto a la dirección escénica, también usualmente improvisada afirmaría que ésta es muy lejana al trabajo meramente intuitivo, el director, al tener como propósito general el] dar unidad de estilo a la escenificación [...] al director le son indispensables amplios conocimientos históricos, literarios, psicológicos, filosóficos y estéticos (Cit. en Wagner y Mesa 22).

Un año coyuntural fue el de 1949 cuando el filósofo mexicano Samuel Ramos (en ese entonces director de la Facultad) anuncia la creación del departamento de teatro dependiente de la carrera de letras. En este incipiente departamento de teatro se suscita un fenómeno muy benéfico para la creación: el trabajo interdisciplinario. Así es como llegamos a un panorama donde "el teatro mexicano provenía de ciudad universitaria", tal como lo afirmó el profesor Alan Lewis en una mesa redonda convocada por Olga Harmony en el año 1952 (Wagner y Masa 28). Al día de hoy, esta afirmación podría ser cierta, pero se enfrentaría a muchas inquisiciones, empezando por lo obvio: ¿cuál universidad?, ¿siguen siendo todas las universidades una sola Universidad?; hasta lo más metafísico, ¿qué teatro?, ¿qué es lo mexicano?, sin olvidar que los circuitos de teatro profesional, independiente, comercial abogarían por su propia contribución al paisaje nacional del teatro. Pero esta idea todavía tiene cierta viabilidad en nuestros días, además nos indica que, aún hoy, describe cierta parte de la realidad teatral mexicana.

Para el año de 1954 junto al cambio de domicilio a Ciudad Universitaria se abre el Departamento de Arte Dramático que ofrece la Licenciatura en Literatura y Arte Dramático. El Seminario de Experimentación Teatral, que dirigía Wagner, después Victoria Espinosa y por último Héctor Mendoza, era la columna vertebral de este carácter de búsqueda teatral que distinguía al programa académico universitario. Porque sólo la Universidad podía proveer ese espacio de experimentación y renovación teatral. Es más, la idea central de esta reflexión es que, aún sigue haciéndolo. Aunque no dejo de considerar que hay circuitos de producción teatral fuera del ámbito universitario que permiten procesos de experimentación o renovación, las condiciones que se generan en la universidad son inigualables para ello: tiempo, infraestructura física y logística, capital humano, divulgación que permite el debate, la crítica, etc. Ahora bien, ¿qué significa esta supuesta experimentación teatral en las aulas universitarias? ¿Qué procesos o prácticas concretos han imitado, repetido o reiterado desde los días de Wagner a la fecha las universidades?

En los rasgos señalados anteriormente en relación al trabajo escénico que Wagner producía en su primigenio Taller de Práctica teatral ("el arreglo moderno para simplificar escenarios"; "[ignorar] todo el peso de la vieja escuela española de la actuación redescubriendo la belleza del espacio vacío y la pronunciación natural"; la importación de las estéticas de las vanguardias europeas de principios de siglo XX; "amplios conocimientos históricos, literarios, psicológicos, filosóficos y estéticos"; "el trabajo interdisciplinario"; "un carácter de búsqueda" en general), variadas prácticas y técnicas se activaron y articularon una idea de la "experimentación escénica". Por ejemplo, plantearse, al menos en términos prácticos, una diferencia entre "función" y "ensayo". El teatro profesional supone que la función (presentación cabal de la obra de teatro) es el acontecimiento más importante de todo el proceso de producción teatral; por otro lado, las técnicas experimentales colocan su atención en "el proceso". Es así que, el Seminario de Experimentación Teatral dirigido por Wagner comenzó a realizar "ensayos generales" con público. Particularmente de la obra *El círculo de tiza caucasiano* de Bertold Brecht dirigida por Wagner en el año 1960, se señala en el programa de mano:

> Conscientes de la responsabilidad que implica abordar una obra de tales dimensiones, han querido presentar su experiencia bajo el aspecto de un ensayo general que les permita a los que lo efectúan aproximarse más a la realidad escénica de la pieza, y al espectador conocer los procedimientos y métodos de trabajo de este entusiasta grupo de teatro estudiantil, futuros maestros del arte dramático (Wagner y Mesa 30).[74]

---

[74] Los que hemos transitado la creación escénica podemos dar testimonio de que pretendidamente un "ensayo general" no debe tener muchas diferencias con una "función" o "presentación de estreno". Inclusive los ensayos generales pueden incluir público especializado o general. El asunto de que un ensayo general sí permite la visualización de la realidad escénica de la pieza o

Artes y producción de conocimiento

Lo singular del impacto que tenía la Universidad a través de su Seminario de Experimentación Teatral en el resto de la comunidad teatral, es que este "modelo" era considerado una etapa meramente transitiva. Es decir, el Seminario de Experimentación tenía "límites" que debían "superarse", "atravesarse" o tal vez, "caminarse" como una ruta necesaria para llegar a un estadio "maduro" (acaso el "teatro profesional") que los egresados deberían realizar una vez que hubieran concluido sus estudios. Además, el Seminario de Experimentación Teatral estaba íntimamente ligado al Taller de Producción Teatral que en aquel entonces dirigía el escenógrafo Antonio López Mancera, fue el "auténtico laboratorio de análisis y evaluación de nuevos horizontes dentro del ámbito teatral" (Wagner y Mesa 30), gesto que todas las universidades emularon; y que aún hoy en día, los grupos teatrales, los creadores independientes, las escuelas privadas y las compañías oficiales e independientes, aspiran poder establecer.

Ahora bien, el Laboratorio de Puesta en Escena, se definía como:

> [Concentrador de] la actividad académica en virtud de que en él confluyen todos los conocimientos y experiencias del proceso de enseñanza-aprendizaje. Este laboratorio estará coordinado por un profesor responsable de asesorar la organización artística y técnica de los proyectos presentados por los estudiantes y surgidos a raíz del Taller Integral de Creación Artística. Como su nombre lo indica, este laboratorio será un espacio de experimentación, renovación y exploración académico-artística. (Wagner y Mesa, 80).

La trayectoria de esta categoría parece indicar que aquel inicial Taller de Práctica Teatral que Wagner inauguró al interior de la Facultad de Filosofía y Letras de la UNAM alcanzó paulatinamente, a través de un proceso complejo de reingeniería educativa, su punto más alto en la déca-da pasada, donde ideas como "reflexión crítica", "formación teórica-prác-

---

conocer los procedimientos y métodos de trabajo, mientras que la función no lo hace, no es muy claro. Estoy dispuesta asegurar que resulta ser más un convencionalismo externo, con repercusiones internas, del equipo actoral y la dirección escénica, algo así como, "en esta ocasión todavía podemos explorar, buscar, innovar, equivocarnos, inclusive…pero mañana ya no," o, "acá es verdadero porque somos los actores ensayando", mientras que en la función estamos frente a un *borramiento* del actor para sustituirlo por el personaje que pertenece únicamente al ámbito de la ficción.

tica", "modernización", "experimentación", "profesionalización" del cuadro fundador (Wagner, Usigli, Ruelas) se articularon en la compleja noción de *laboratorio de la puesta en escena*.

Es justo decir, que en este largo proceso de casi seis décadas hay otras instituciones que permitieron ampliar la creación teatral, que se sumaban a la carrera de Teatro y Literatura Dramática de la Facultad de Filosofía y Letras de la Universidad Nacional, a su difusión y divulgación, por ejemplo, el Instituto Nacional de Bellas Artes, creado en el año de 1946 y la posterior expansión de sus dependencias en apoyo al teatro, como son: la Escuela de Arte Teatral, el Departamento de Teatro, el Teatro Escolar y más tarde, la Oficina de Teatro Foráneo (Moncada 99). Ahora bien, como una labor del Estado mexicano, se suscita un incremento en la infraestructura teatral: en varios puntos del país se fundan pequeñas salas de teatro con una capacidad de 150 personas. Teatros de estas dimensiones permitieron aligerar los gastos de operación y el pequeño formato contribuyó a la renovación de las tendencias escénicas, de acuerdo a la exposición de Luis Mario Moncada (2011).

Sin duda, en el recuento de los años, se puede afirmar que entre 1946 y 1949 se gestará un cambio generacional para la escena mexicana, "No se trata como en la época de las vanguardias de un arrebato de los más jóvenes artistas, momificadores de todo aquello que huele a orden establecido, sino del reconocimiento de que la expresión de los nuevos tiempos sólo podrá surgir de las nuevas voces" (Moncada 101-102).

Ante el cambio de perspectiva (de un "teatro literario" a un "teatro de la escena") es importante hacer mención de la influencia de la Universidad en la producción de dramaturgia nacional. Luis Mario Moncada afirma que los dramaturgos egresados del curso de teoría y composición dramática de Usigli se caracterizarán por un ánimo restaurador de las formas de la teatralidad, pero con muy poca preocupación por la crítica social o los problemas del entorno que les rodea. Esta generación asumirá la renovación del lenguaje y la asimilación del realismo norteamericano como sus principales rasgos estilísticos. En este período los nombres destacados son: Carlos Solórzano, Fernando Sánchez Mayans, Wilberto Cantón, Raúl Moncada Galán, Elena Garro, Carlos Prieto, Jorge Villaseñor, Rafael Bernal, Juan García Ponce, Felipe Santander, Olga Harmony, Carlos Ancira, Marcela del Río, Juan Miguel de Mora, Juan José Arreola, Héctor Azar, Hugo Argüelles y Maruxa Vilalta. De acuerdo al historiador, si algo los une es el gusto por el teatro y su escritura, sin más.

Si hacemos un recuento de las distintas etapas de renovación de la escena nacional y aquellas ligadas a las instituciones antes mencionadas

Artes y producción de conocimiento

observaremos que para la primera mitad del siglo XX en México podemos encontrar cuatro generaciones de dramaturgos: la generación de 1920-30, el Grupo de los Siete o Los Pirandellianos, que son José Joaquín Gamboa, Carlos Noriega Hope (1896-1934), Víctor Manuel Díez Barroso (1890-1936), Ricardo Parada León (1902-1972), Lázaro (1902) y Carlos (1899) Lozano García y Francisco Monteverde; la segunda generación que florecería alrededor de la fundación del Teatro de Ulises; es la tercera generación que data del año 1949, específicamente relacionada con el surgimiento de la Universidad, la "Nueva Dramaturgia", en donde encontramos figuras como Emilio Carballido, Sergio Magaña, Jorge Ibargüengoitia, Hugo Argüelles, Luisa Josefina Hernández, Héctor Azar y Vicente Leñero; y la cuarta generación, o la generación de 1968, cuya identidad artística depende completamente de la Universidad, es la generación del año de las renovaciones, donde encontramos a Víctor Hugo Rascón Banda, Sabina Berman, Jesús Gonzáles Dávila, Carlos Olmos, Felipe Santander, Hugo Hiriart, José Ramón Enríquez, Alejandro Aura y Juan Tovar. Bruce Swansey (en Olguín 162) señala que el espacio vital de esta generación de 1968 fue la Universidad, en particular la Universidad Autónoma de México y la Universidad Veracruzana.

Hugo Salcedo (1994), dramaturgo y pensador del teatro mexicano, expone el avance y evolución de la dramaturgia en México de los años 1973-1993, es decir, los años posteriores al fatídico 1968.[75] Salcedo señala que en este período se puede visualizar una creciente productividad editorial, promovida sobre todo por las principales universidades del país, la

---

[75] "La masacre de Tlatelolco" se refiere al asesinato de estudiantes y civiles por parte de grupos militares, paramilitares y policías, el 2 de octubre de 1968 en la plaza conocida como "Las tres culturas" del conjunto habitacional Tlatelolco de la Ciudad de México. Este suceso fue una acción de represión política grave de parte del Gobierno de México encabezado por el Presidente Gustavo Díaz Ordaz y Luis Echeverría como Secretario de Gobernación. No existen cifras oficiales, pero de acuerdo a documentos revelados en 2000 se estima que el número de muertos es de más de 400 personas, mientras que los arrestados fueron alrededor de 1500. El movimiento estudiantil surgió como respuesta a la irrupción ilegal de la policía en Ciudad Universitaria, violando el principio de autonomía, durante el verano de 1968. Los estudiantes, a través de un Consejo Nacional de Huelga, convocaron a manifestaciones públicas, paro de labores y huelga general a los distintos sectores sindicales (independientes, agricultores, ferroviarios, maestros, profesores universitarios) y a la ciudadanía en general. El eco de su convocatoria adquirió fuerza en la Ciudad de México y en otras ciudades del interior del país. Sus demandas eran modificaciones al Código Penal (despenalizar el derecho a la libertad de reunión y manifestación pública), la disolución del Cuerpo de Granaderos de la Policía Federal, la libertad a presos políticos, el despido de funcionarios públicos a los que se les responsabilizaba de represión, agresión y violencia en las manifestaciones de julio y agosto, y destitución del jefe de la policía. El 2 de octubre, los estudiantes se reunieron en la plaza de Tlatelolco para realizar un mitín pacífico. Poco antes de concluir la reunión, las personas fueron atacadas desde los techos de los edificios por francotiradores que pertenecían al infame "Batallón Olimpia".

cual permitió una difusión y distribución más consistente de obras de autores mexicanos. Establece el papel protagónico de las universidades en ello, particularmente, la Universidad Autónoma Metropolitana que es la primera en promover mediante ediciones especiales, la principal de ellas fue la colección "Molinos de Viento". Este fenómeno editorial propiciará, por un lado, el estímulo para la creación personal de los dramaturgos que antes eran desconocidos, lo cual les permite emprender una carrera literaria propia; por otro lado, se fortalecerá la idea de una "dramaturgia nacional". Aún hoy podemos observar la enorme influencia que tiene la Universidad sobre las generaciones más jóvenes de la dramaturgia mexicana.

Las instituciones que de alguna manera han acogido e impulsado la formación y difusión de creadores escénicos y escritores son el Fondo Nacional para la Cultura y las Artes, a través del Programa de Jóvenes Creadores y el Sistema Nacional de Creadores; de la misma manera, la Fundación para las Letras Mexicanas; pero sin duda alguna, la Universidad Autónoma de México, a través de su Facultad de Filosofía y Letras, y del Centro Universitario de Teatro; así como, la Universidad Veracruzana a través de su Facultad de Teatro y la Escuela Nacional de Arte Teatral, son los referentes obligados de la formación teatral profesional en México. Hay que mencionar, además, que a este movimiento de teatro universitario se suman otras como la Benemérita Universidad Autónoma de Puebla, la Facultad de Artes de la Universidad de Guadalajara, la Universidad Autónoma de Nuevo León y la Facultad Popular de Bellas Artes de la Universidad Michoacana. En resumen, no cabe duda que el teatro universitario es la forma teatral con más presencia viva, diversa y activa, que por lo mismo ha servido de importante plataforma para nutrir las filas del teatro independiente, el teatro profesional y hasta del teatro comercial, estos dos últimos, lamentablemente centralizados en la ciudad de México.

Esto es así, porque el teatro universitario es un espacio de experimentación e investigación natural que permite a estudiantes y académicos aventurarse en proyectos con alto riesgo poético. Son los mecanismos de producción que la universidad genera los que permiten igualmente una amplia difusión entre el mismo ámbito universitario, la comunidad académica, la comunidad profesional. Se debe agregar que, en la mayoría de las veces, observamos que los estudiantes universitarios saltan del circuito de teatro universitario al teatro independiente de manera automática; y en algunos casos el teatro comercial tiende a absorber a ciertos talentos del teatro independiente, en una especie de proceso de autorregulación y renovación artística. Como vemos, este desplazamiento del capital cultural tiene su origen en su mayoría en el teatro universitario. Y a su vez la mayor distinción del teatro universitario es la articulación de todo el espectro de formación teatral en el espacio del *laboratorio de la puesta en escena*.

La noción de "teatro laboratorio" en la formación universitaria

En una genealogía del discurso, como aquella que proponía Michael Foucault, observamos que hay ciertos conceptos que prevalecen en la tradición intelectual por encima de otros. En consideración a esta preeminencia del vocablo "laboratorio" por encima de otros como por ejemplo, "taller", "práctica", "seminario", entre otros, no es posible obviar por más tiempo la relación directa que tiene la expresión de *laboratorio de la puesta en escena* con el paradigma epistemológico de las disciplinas científico-experimentales como la física, la biología o la química. En el rastreo del advenimiento de esta palabra al ámbito de la formación y la práctica teatral es posible encontrar que el punto más visible es la creación del Teatro Laboratorio denominado "Instituto de Investigación del Actor" por Jerzy Grotowski en Wroclaw en 1965, fundado con base al modelo de Instituto Niels Bohr,[76] un centro de investigación en ciencias astrofísicas, biofísicas y mecánica cuántica en Copenhague, Dinamarca, en el cual colaboraron físicos de la talla de Werner Heinsenberg y Max Born.

Lo anterior no quiere decir que Grotowski asumiera que el teatro se asemejara a alguna disciplina científica, menos con la idea tan particular que tenía Grotowski del teatro. No obstante, urgía a sus contemporáneos a reflexionar en torno al hecho de que "la inspiración [u] otros factores imprevisibles como la explosión del talento, repentino y sorprendente, estallido de posibilidades creativas" (Grotowski 89), no podían ser la base de la técnica del actor.[77]

---

[76] "¿Qué es el Instituto Bohr? Bohr y su equipo fundaron una institución de carácter extraordinario. Es un lugar de reunión en el que médicos de distintos países experimentan y dan los primeros pasos en la 'tierra de nadie' de su profesión: comparan sus teorías y aprovechan la 'memoria colectiva' del Instituto. Esta 'memoria' guarda un inventario minucioso de todas las investigaciones que se han hecho, incluyendo las más audaces, y su fondo se ve constantemente enriquecido por las nuevas hipótesis y por los resultados nuevos que obtienen los investigadores. Niels Bohr y sus colaboradores trataron de descubrir ciertas tendencias esenciales dentro de este enorme acervo de investigación común. Lograron servir como inspiración y estímulo dentro del ámbito de su disciplina. Gracias al trabajo de aquellos a quienes habían estimulado y recibido con beneplácito, lograron compilar datos esenciales y aprovechar los potenciales industriales de los países más desarrollados del orbe. Durante largo tiempo el Instituto Bohr atrajo mi atención como un modelo que ilustra cierto tipo de actividades." (Grotowski 88)

[77] De gran relevancia es enfatizar la semejanza entre el esfuerzo del director polaco y la idea matriz del director mexicano al momento de implementar su propio espacio de formación actoral en la UNAM.

De manera semejante al Instituto Niels Bohr, Grotowski aspiraba a que su propio Instituto fuera un "lugar de reunión, para observar y refinar los experimentos obtenidos por los individuos más talentosos en esta profesión, que provengan de los distintos teatros de otros países" (Grotowski 90). Su definición implicaba también, que los actores participantes realizaban investigaciones metodológicas en relación a su arte y *las leyes que lo gobiernan*, esto ya los convierte en profesionales de su trabajo, y no era necesario esperar hasta el punto en que el actor es "expulsado" al exterior para entonces sí dedicarse al "teatro" en el sentido convencional de la palabra. Por el contrario, este espacio de producción de conocimiento científico (por la definición de objetivos y la experiencia metodológica) es ya un espacio de creación teatral. Sabemos por el trabajo de sistematización que realizó Eugenio Barba, que Grotowski mantuvo activo este modelo de "experimentación" de los años 1959 a 1962, en Opole, un municipio de Polonia ubicado a setenta millas de Auschwitz. El Teatro Laboratorio se formaliza en el año 1965 en el poblado de Wroclaw, su producción teatral y repertorio disminuye a una o dos puestas por año y se dedica por completo a la investigación y experimentación actoral (el mayor hallazgo de estos años del Laboratorio Teatral fue la *vía negativa* del trabajo actoral, la cual implicaba una progresiva eliminación de procesos de acción-reacción de la vida cotidiana).

Dicho de manera muy general, la investigación y experimentación respecto al oficio del actor, en los términos en que Grotowski lo realizó, fue una concentración de puntuales esfuerzos de observación del proceso de producción teatral de los actores dentro de una estructura dramática dada. Este fue el caso de *El príncipe constante*, basada en el original de Calderón de la Barca, adaptada por Julius Slowacki y presentada en el año 1963. "[Ésta] se ha considerado como lo más elaborado del método de actuación del Teatro Laboratorio y como síntesis de todo lo que Grotowski intentó lograr en sus años de investigación" (Braun 240). Todas las observaciones fueron obtenidas en los años de entrenamiento y experimentación "en la comunión" entre el actor y el espectador. Conforme a esto, habría de llegar a la noción de "teatro pobre", que es aquel al que se la han sustraído todos los elementos no sustanciales: iluminación, sonido, maquillaje, decorado, escenografía, utilería, accesorios, etc. Antes bien, lo único que le interesa al investigador polaco es el actor y el espectador en un espacio compartido. Al privilegiar la correlación de actor y espectador, las investigaciones se centraron por largo tiempo en las condiciones y conceptos del espacio escénico y en las relaciones de representación.[78]

Como se afirmó arriba, el hecho de que Grotowski haya bautizado "Teatro Laboratorio" a su proyecto de investigación y experimentación teatral, no significaba de ninguna manera que su pretensión hubiera sido la de encontrar una técnica, protocolo y/o fórmula replicable para la producción de teatro; nada más lejano de esta idea lo que Grotowski alcanzó.

> Probablemente *es* correcto afirmar que para el grupo del Teatro Laboratorio no existe ninguna técnica, ejercicio o método de valor absoluto, como tampoco existe un rasgo permanente en su entrenamiento. De la misma manera, no hay técnica o método que sea *único* del Teatro Laboratorio, o un resultado objetivo de su investigación que pueda ser lega-do a otros. Todas las técnicas que atañen al entrenamiento del actor han estado siempre disponibles a cualquier investigador de teatro (Braun 242).

No obstante, en su libro *Hacia un teatro pobre* se pueden leer los pasos y la explicación técnica de los ejercicios que realizaba con sus actores durante los años en que existió el Teatro Laboratorio. Es más, todo el mundo reconoce que el principal legado de Grotowski y de su grupo de actores es precisamente el haber dado al mundo (por lo menos en Occidente) una nueva concepción del cuerpo del actor en escena y la manera de entrenarlo. Primordial al proceso de investigación y entrenamiento actoral era la experiencia práctica y empírica, únicas vías para no permitir que lo encontrado fuera meramente una experiencia sensible, subjetiva o abstracta. Conjuntamente, a todos los asuntos de la actoralidad, a Grotowski le interesaba la contraparte del teatro, el espectador. Este componente era imposible de formar o entrenar, sin embargo, sí se preocupó por indagar en

---

[78] Por consiguiente, encontramos distintas exploraciones en la espacialidad, en las formas de representación y sus implicaciones en la relación actor-espectador, por ejemplo: 1) "La velada de antepasados" (1961), donde se llevó a cabo una integración espacial total de los actores y los espectadores, designando una participación dentro del espectáculo a estos últimos; 2) "Kordian" (1962), que tiene lugar en un pabellón psiquiátrico, los espectadores también son pacientes junto al protagonista; 3) "Dr. Fausto" (1963), en la que los espectadores asistían a la última cena del personaje; 4) "El príncipe constante" (1965), donde se sitúo a los espectadores en una posición elevada detrás de una cerca de madera, como si estos estuvieran espiando al prisionero; 5) "Apocalypsis Cum Figuris" (1968), en la que tanto espectadores como actores entraban en una gran sala vacía, que era el área de actuación. Como se observa, aunque Grotowski excavó hondo en esta inefable relación del actor y el espectador, en sentido estricto jamás rompió con la convención del teatro.

la influencia de la presencia del espectador en la psique de los actores y del propio público.

Mientras esta experiencia del Teatro Laboratorio explotaba y se exhibía con sobrado interés en Europa, en el año 1965, Carlos Solórzano (profesor emérito de la UNAM) afirmaba:

> La mayor actividad teatral universitaria se llevó a cabo este año en el seno de la Facultad de Filosofía y Letras [...] Varios interesantes espectáculos demostraron que ese teatro realizado por los verdaderos especialistas que la UNAM forma en el arte dramático, y que están a punto de obtener una licenciatura o un doctorado en la materia, está ya maduro para exponerse al juicio del público en general y sobrepasar así los límites de un laboratorio de experimentación. (Cit. en Wagner y Mesa 37).

Hasta ese momento, la formación teatral que ofrecía la Universidad Nacional se pensaba como algo multidisciplinario, en el que especialistas en literatura, arquitectura, arte dramático, artes plásticas, etc., participaban del Seminario de Experimentación Teatral y/o del Taller de Producción Teatral, las piedras angulares del plan de estudios universitario. No sólo la práctica teatral se asumía dentro de la formulación de "laboratorio", también la teoría:

> En 1966, se jubila el maestro Wagner y le sucede, como jefe del departamento, la maestra Luisa Josefina Hernández quien ocupará el cargo hasta 1973. A la par de los trabajos surgidos del Seminario de experimentación teatral la maestra Hernández crea, dentro de la cátedra de Teoría y composición dramática, el Laboratorio de teoría y composición dramática. (Wagner y Mesa 39).

Todo parecía indicar que la consigna en la formación de la Casa de Estudios más importante de ese momento era que los estudiantes no demostraran en escena lo que sabían hacer, sino que aprendieran a investigar y saber comunicar cómo investigan. Lo que daba valor a su formación no era la destreza actoral, el cúmulo de saberes teóricos y la habilidad técnica para la realización teatral que podían poseer; por el contrario, es el "carácter de búsqueda, de experimentación, de indagación" (Wagner y Mesa 41) que sus años de aprendizaje universitario les haya dejado, lo que tenía valor y trascendencia.[79] Justo en sintonía con lo que a nivel mundial se propagaba, en relación a la naturaleza del teatro (una actividad eminentemente colectiva y con un marcado sentido ritual), en el año 1981 se vuelve a insistir en la figura del "laboratorio" para dedicar un nuevo espacio de investigación. Se trataba del Seminario de Investigaciones Etnodramáticas, coordinado por Gabriel Weisz y Nicolás Núñez: "[...] se propone abrir un área de investigación que analice los principios rituales de los cuales surgió el teatro [...] lo cual llevará a enriquecer constantemente el área práctica de la parateatralidad" (Zorrilla y Weisz 1984, 23, Cit. en Wagner y Mesa 51).[80]

Se podría pensar que esta insistencia en *laboratorizar* la enseñanza teatral fue un proyecto acotado a un tiempo determinado —precisamente el tiempo de mayor influencia del Teatro Laboratorio de Grotowski en América como en Europa, de los años 60 al final de la década de los 80—, sin embargo no fue así, porque todavía en el año 2007, cuando se hace una de las últimas revisiones al plan de estudios promulgado en el año 1985, se insiste en la reincorporación de dos áreas del conocimiento, Teatrología y Producción, y se incorporan dos asignaturas anuales y obligatorias de nueva creación, "Taller Integral de Creación Artística y el Laboratorio de Puesta en Escena, materias interdisciplinarias cuyo funcionamiento obliga al resto de las asignaturas a involucrarse con sus planes de trabajo [...]" (Wagner y Mesa 79). Por supuesto, la definición del Laboratorio de Puesta en Escena insiste en las mismas prácticas que se celebraban desde la época de Wagner: la búsqueda, la experimentación, la inda-

---

[79] Está registrado que en el año de 1977 Jerzy Grotowski y Eugenio Barba visitaron la Universidad Autónoma Metropolitana. Ofrecieron importantes conferencias en el auditorio Justo Sierra, muy probablemente con el beneplácito del público, ya que la cercanía con las ideas de estas dos figuras mundiales y la metodología teatral de la Universidad era mucha.

[80] No podría continuar en este ensayo sin mencionar el final que tuvo todo el emprendimiento de Grotowski y su Teatro Laboratorio. Recordemos que uno de sus objetivos era explorar la diversidad de posibilidades que había en la relación actor-espectador. Hacia el final del Teatro Laboratorio, en los años setenta, Grotowski y sus actores abandonaron por completo la forma convencional del teatro y se sumergieron en una investigación de formas parateatrales, es decir, una forma de actividad que tiene su origen en el drama, pero ya no ocurre en el teatro "frente a espectadores". Sin duda las semejanzas entre el espacio de investigación de Núñez/Weisz y lo que el "Teatro Laboratorio" de Grotowski encontró al final de su trayectoria es semejante. Como lo es con otras muchas formas de investigación teatral que se suscitaron durante la década de los setenta y ochenta, y que estaban interconectadas por las mismas influencias, por ejemplo: el Teatro del Oprimido de Augusto Boal en Brasil; el proyecto de Creación Colectiva de Enrique Buenaventura, La Candelaria bajo la coordinación de Santiago García en Colombia, el Living Theatre en EUA, etc.

gación y la renovación de los saberes académicos y artísticos. Se debe agregar que todas estas formas de abordaje del conocimiento y la memoria teatral se hacían con el imperativo de que, para contribuir a la creación teatral del siglo XXI, había que llevar a cabo una experimentación "comprometida", en primer lugar, con el teatro mismo, pero después con el entorno social.

Condiciones de la noción "teatro laboratorio"

Se habrá observado que en el apartado anterior he utilizado un eufemismo de manera muy laxa, *laboratorizar*, para referirme al proyecto de enseñanza universitaria que dominó gran parte del siglo XX, y que aún hoy lo sigue haciendo, en mayor o menor medida. Me he atrevido a ter-giversar dicha noción de esta manera, porque esta reflexión pretende encaminarse a la evaluación de la pertinencia de la misma y las restricciones que hoy puede contener, después de haber pasado por una profunda transformación de las reglas que gobernaban la ciencia o el propio arte.

Para establecer el punto de este apartado echaré mano de algunas ideas planteadas en el polémico ensayo *La condición posmoderna* de Jean-Francois Lyotard. Donde entre otros muchos asuntos, se toca lo relativo a la trasmudación de la episteme científica al conocimiento social, artístico, literario, etc. En otras palabras, el filósofo francés nos explica que la época moderna sería aquella donde predomina la entronización de una episteme científica, fuertemente positivista en un inicio y finalmente, marcadamente experimental; y su extensión, como pauta de verdad a otras formas de conocimiento. El espacio de realización de esta episteme es el laboratorio, precisamente. Al período seguido donde el *megarelato* de la ciencia positivista-experimental entra en crisis y es sustituido por relatos situados se le conoce como época posmoderna.

Además, nos dice Lyotard que el Saber científico en la época moderna,[81] estará fuertemente modelado por la tecnología. Se verá afectado en dos funciones que deberá cumplir: la investigación y la transmisión de conocimientos. Incluso si el saber no puede ser traducible en operaciones

---

[81] Habría que hacer la aclaración de que la Modernidad europea no es la misma que se considera cuando se hacen discusiones de esta naturaleza. El periodo que Lyotard está considerando a mediados del siglo XIX con el nacimiento de las sociedades industrializadas hasta antes de la Segunda Guerra Mundial; es a finales de la década de los 50, el periodo posindustrial, que comienza a vislumbrarse la época posmoderna. Por el contrario, en América Latina, la Modernidad podría alcanzar hasta la década de los 80 del siglo pasado, y sería apenas en la década de los 90 y en las primeras décadas del presente siglo que observaríamos rasgos de la condición posmoderna.

objetivas que permitan comunicarse a través del lenguaje de las maquinas (derivado de la hegemonía de la informática) inevitablemente será dejado de lado. Es así como el saber, en cualquier punto del proceso de investigación, deberá ser susceptible de su "exteriorización", de tal manera que este saber tenderá de manera cada vez más acentuada a la circulación y consumo, como cualquier producto de mercado.[82] Estas propiedades implican necesariamente que el saber se acumula y se almacena. De hecho, estas nociones no son el problema central, lo más importante es la manera en cómo se acumula el saber. La determinación de la acumulación del saber es esencial para su distribución: "unos imaginan regular, continua y unánime, otros periódica, discontinua y conflictiva" (Lyotard 22).

Todo parece apuntar a que el único aparato de organización, control, exteriorización y, por lo tanto, distribución del conocimiento, es el laboratorio. El saber que está fuera de este sistema de control se puede dominar como un "saber narrativo" que también se acumula y se distribuye, pero este proceso no está en manos de los organismos que legislan y gobiernan las sociedades. El aparato "laboratorio" es el medio que permite legitimar todo proceso de investigación y transmisión de conocimiento, porque crea condiciones convenidas para que lo que ahí suceda pueda ser considerado un "enunciado científico" insertado en el discurso científico tenido por la comunidad científica. "[En esta tautología] se plantea en su forma más completa, la de la reversión, que hace aparecer que saber y poder son las dos caras de una misma cuestión: ¿Quién decide lo que es saber, y quien sabe lo que conviene decidir? La cuestión del saber en la edad de la informática es más que nunca la cuestión del gobierno" (Lyotard 24).

En las fuentes recuperadas de la exposición primera del presente trabajo, al respecto de qué es un "laboratorio" para la actividad teatral, se insiste en la idea de que es un espacio de *búsqueda, experimentación, indagación, renovación* de saberes acumulados en la tradición académica y artística. Lo que resulta interesante para la discusión que estamos formulando aquí, es que tales prácticas son inherentes a la naturaleza del saber artístico mucho antes de la instauración del "Teatro Laboratorio" como la forma privilegiada de ello. De otra manera no se entiende el paso del "teatro cortesano" en el Neoclásico, a los "teatros burgueses" del Romanticismo, a los "teatros libres" del Realismo y Naturalismo, o "los espacios ocupados" de las

---

[82] Esto es más claro si contrastamos esta nueva manera de ser del saber en las sociedades posmodernas con el antiguo principio de las sociedades modernas, donde primaba el sentido de "formación (*bildung*) del espíritu" que era inseparable de la persona. El mismo que fue cayendo en desuso por esta nueva perspectiva.

vanguardias, etc. Lo verdaderamente inaugural de esta forma de "teatro laboratorio" es el agenciamiento del criterio de legitimación del saber-poder de las sociedades informáticas,[83] donde se pasa de los rudimentarios saberes de la tradición (que tiene forma narrativa) al conocimiento científico, con sus respectivas dotes de traductibilidad, distribución y consumo. El conocimiento obtenido dentro de las condiciones de "laboratorio" es un conocimiento instrumental, que se puede replicar en otro momento, generando más o menos condiciones equiparables. En cambio los saberes no científicos (aquellos que no se formulan al interior de las idealizadas condiciones del laboratorio),[84] aquellos que forman parte de la tradición, el saber-narrativo, como le llama Lyotard, es inconmensurable y está regulado por la cultura misma.

Adelantándome en parte a las conclusiones, es necesario hacer énfasis en que no debemos pensar la trayectoria de "teatro cortesano…teatro burgués…teatro libre…teatro vanguardista…teatro laboratorio" en una perspectiva progresista. Ese es el principal engaño de las teorías desarrollistas, aquellas que suponen que el saber tradicional o narrativo es anterior (y por lo tanto primitivo) a un saber científico (es decir, avanzado, en esa lógica), nada más equivocado. Aún más, el propio Lyotard nos explica la interdependencia en la pragmática de estos dos saberes para su distinción y por lo tanto su legitimización.

> No se puede, pues, considerar la existencia ni el valor de lo narrativo a partir de lo científico, ni tampoco a la inversa: los criterios pertinentes no son los mismos en lo uno que en el otro. Bastaría, en definitiva, con maravillarse ante esta variedad de clases discursivas como se hace ante la de las especies vegetales o animales. Lamentarse de la "pérdida de sentido" en la posmodernidad consiste en dolerse porque el saber ya no sea principalmente narrativo. Se trata de una inconsecuencia. Hay otra que no es menor, la de querer derivar o engendrar (por medio de operadores tales como el desarrollo, etc.) el saber científico a partir del saber narrativo, como si éste contuviera a aquél en estado embrionario. (Lyotard 55).

---

[83] Por supuesto, siendo la Universidades públicas la institución responsable de la distribución del saber en los términos del aparato de poder, el laboratorio sería la forma natural de producción y transmisión del conocimiento artístico, al interior de las aulas.

[84] Para ahondar más en la artificialidad de las "condiciones ideales" del laboratorio se puede consultar *La construcción de los hechos científicos* y *La retórica del discurso científico* de Bruno Latour.

El *laboratorio de puesta en escena* situado[85]

Ya hemos revisado el panorama del teatro universitario y sus enormes implicaciones para la configuración del campo teatral en nuestro país. La revisión de los casos particulares, como el ejemplo que a conti-nuación se expone, arroja ciertas sombras sobre este luminoso panorama. Por un lado, es innegable el descenso en la matrícula en las carreras de arte en la provincia mexicana (fenómeno que a nivel superior afecta todas las áreas del conocimiento, dada la crisis institucional generalizada del país); asimismo, las generaciones egresadas se enfrentan a la dificultad de que muy poco para lo que fueron formados en la escuela de teatro tiene aplicación directa para el campo laboral incipiente en las provincias mexicanas de la actualidad: los profesionales del teatro que ejercemos nuestra labor desde hace una década hemos visto emerger tendencias teatrales caracterizadas por oposición radical a casi todos los sistemas que aprendimos en nuestra formación, mismos que siguen todavía vigentes en los planes de estudio. Me refiero al drama, la técnica de actuación naturalista, la formación corporal con base en la psicotecnia, la enseñanza de géneros dramáticos, etc.

El caso particular que se pretende exponer data de 2017, cuando tuve la oportunidad de coordinar uno de los montajes finales de la Licenciatura de Teatro de la Facultad Popular de Bellas Artes de la Univer-sidad Michoacana. El propósito del curso fue hacer una puesta que abordara las técnicas y procedimientos del teatro contemporáneo, asunto que debería reflejarse en la producción final. Para esto, propuse instrumentar una metodología general de trabajo basada en la idea del laboratorio escénico.

El actual mapa curricular de la Licenciatura en Teatro de la Facultad Popular de Bellas Artes tiene como objetivo implícito la formación integral del hacedor teatral — con toda la carga de ambigüedad y dispersión que algo así puede implicar. Esto quiere decir que aquel estudiante que egrese de este programa académico habrá obtenido a lo largo de los cinco años de Licenciatura un panorama general del ámbito teórico y práctico del teatro. Podemos observar que en el transcurrir de este periodo el estudiante participa de asignaturas como Teatro en sus orígenes de la cultura universal, Literatura como hecho escénico, Teatro Mexicano, Teoría y Composición Dramática, mismas que se corresponden a la línea teórica de la formación del estudiante; por otro lado, Expresión Corporal, Teatro

---

[85] Para una comprensión más amplia de los conceptos "conocimientos situados y objetividad encarnada" se recomienda la lectura de Haraway.

no verbal, Actuación, Técnicas Vocales, entre otras, corresponden a la línea de formación interpretativa de los estudiantes; asimismo las asignaturas de Dirección Escénica y Taller de Montaje podrían representarse como la columna vertebral de este programa de Licenciatura, y es a través de sus espacios que el estudiante lleva la mayor carga de experiencia práctica del teatro.[86]

La pregunta en torno a estas asignaturas es: ¿qué es la experiencia práctica del teatro? Ésta, ¿se puede enseñar? ¿Qué se enseña cuando lo que debes enseñar es Puesta en Escena? La experiencia profesional nos dice que esto se refiere a muchas cosas. Y que el universo de cosas que se hacen cuando se hace teatro, no siempre se organiza de la misma manera. En otras palabras, no existe algo más perecedero que "la técnica de dirección y la técnica del montaje". Ya que éstas están supeditadas al contexto estético-poético en el que el hacedor de teatro se desarrolle, por un lado, y también se ve radicalmente modificada cuando se enfrenta a un contexto de producción específico; es decir, que siendo el teatro un arte vivo, la influencia y participación de individuos distintos en cada proceso exige que haya adecuaciones, modificaciones y sustituciones de procedimientos de una puesta en escena a otra.

La pregunta fue entonces ¿cómo puedo "situar" en el contexto dado la formulación del *laboratorio de puesta en escena*?[87] Porque de lo que se trataba era de que los preceptos o principios del montaje abordados en el

---

[86] Cabe destacar que el plan de estudios de la Licenciatura de Teatro de la Facultad Popular de Bellas Artes de la Universidad Michoacana comenzó a operar en el año de 1995. Éste tenía como modelo principal el programa educativo de 1975 de la Licenciatura de Literatura Dramática y Teatro de la Facultad de Filosofía y Letras de la Universidad Nacional. No obstante, entre los años 2004 y 2010 se llevaron a cabo coloquios, conferencias, talleres, evaluaciones, diseño y redacción del rediseño curricular. Después de ser autorizado por el Consejo Universitario finalmente se echó andar en 2017. Actualmente conviven los dos planes de estudios. La materia Taller de Montaje IV forma parte de diseño curricular anterior a esta reforma.

[87] Para este planteamiento echo mano del debate presentado por Dona Haraway. La bióloga norteamericana propone una vía alterna a las dos concepciones de objetividad que a lo largo del desarrollo científico podemos detectar: por un lado, tendríamos en la estructura de la ciencia convencional (positivista-empirista) la objetividad de las observaciones como elemento nodal de la investigación, aquí la objetividad se entiende como la ausencia de cualquier elemento ajeno a lo observado en el mundo. Esta noción de objetividad remite a la labor que se efectúa al interior del laboratorio, precisamente: una observación donde los elementos de distorsión de la misma son reducidos al mínimo, elementos como la ideología, intereses o creencias personales son eliminados del proceso de investigación y no influyen de ninguna manera en los resultados. A esto, Haraway señala que la ciencia positivista-empirista se ha cegado ante la innegable evidencia de que el científico tiene un cuerpo, posee un punto de vista, participa de un debate académico, etc., es decir, no es un observador aislado del mundo que observa. Es cierto que las teorías constructivistas del conocimiento han dotado de herramientas críticas, principalmente al pensamiento feminista, so-

Artes y producción de conocimiento

laboratorio pudieran adaptarse a las condiciones del entorno de producción específicas del estudiantado cuando egresara, pero sin menoscabo de las posibilidades de su imaginación y el impulso creativo. Las respuestas que vinieron de la propia formulación de este *laboratorio de puesta en escena*, tal como lo entendió Grotowski y lo dispersó a toda Europa y América; tal y como lo ejecutaron los grandes maestros de teatro en la Universidad Nacional: la asignatura debería ser espacio de "qué", más que un espacio de "cómo". Entras otras palabras, laboratorio de montaje debe ser un espacio de: ¿qué es el montaje escénico?, ¿qué es la producción escénica?, ¿qué es la creación escénica?, ¿qué es y que hace un creador escénico?, etc.; mas que, ¿cómo se hace un montaje?, ¿cómo se hace la producción escénica?

Encontramos que no todas las respuestas a estas preguntas están supeditadas a la circunstancia. Sí existen conceptos y procedimientos con los que innegablemente el profesionista se enfrentará en reiteradas ocasiones, independientemente de las condiciones dadas, son aquellos que integran la base más o menos general del teatro como técnica artística, mismos que pueden resumirse en los siguiente binomios: "teatro y puesta en escena"; "representación escénica y texto dramático"; "proceso de dramaturgia y análisis de la representación"; "textualidad y teatralidad"; "organización de la puesta en escena: dirección escénica o creación colectiva"; "organización escénica: modelos de producción escénica", entre otros.

---

cial, para contrarrestar esta ciencia de la objetividad descarnada del método científico. Pero reconoce que la radicalización posmoderna de los planteamientos constructivistas ha generado demasiada desconfianza, incluso al interior de las llamadas ciencias humanas. En el otro lado, encontramos las teorías marxistas que permitirían la construcción de un pensamiento científico que postulara una objetividad resultante de la relación entre el lenguaje y los cuerpos, "necesitamos el poder de las teorías críticas modernas sobre cómo son creados los significados y los cuerpos" (Haraway 321). En resumen, lo que hace Haraway es revisar los programas epistemológicos de estos dos frentes de la ciencia, con la intención de postular una concepción propia de la objetividad. Consecuentemente, afirma que es necesaria una *objetividad encarnada*, contraria a aquella de la ciencia positivista-empirista, que llevaba al científico a un punto de vista pretendidamente fuera del cuerpo y de las condiciones espacio-temporales en donde desarrollaba sus observaciones e investigaciones, en sus términos, una mirada dislocalizada o situada en ningún lugar. Por el contrario, la objetividad encarnada supone conocimientos situados por el lugar físico, mental, ideológico, político, académico, afectivo, etc. en el que está ubicado el o la investigadora. Esto es distinto al relativismo del constructivismo social, porque para Haraway "estar en todos lados" es también estar en ningún lugar. Por el contrario, la objetividad encarnada y el conocimiento situado está anclado en un lugar (con todos los elementos antes mencionados) concreto. En efecto, está posición es parcial, pero indudablemente, también es racional, autocrítica y responsable de sus alcances, de su condición histórica, de su situación política y de los efectos que éstas puedan tener en los resultados de su investigación.

Son estos conceptos y procedimientos (no absolutos), los que le permitirán al estudiante reconocer el ámbito concreto de su práctica teatral, que es finalmente lo que interesa.

Si algo aprendimos de la herencia que la Universidad Nacional dejó en su propia ejecución del *laboratorio de la puesta en escena,* fue que la producción teatral al interior de la comunidad universitaria nunca ha sido una "mera exhibición del talento actoral sino que [las representaciones teatrales] se hallan sustentadas en la teoría y en un trabajo de investigación que incluye todos los aspectos de la teatralidad estudiados en las diferentes asignaturas que conforman el plan de estudios de la licenciatura" (Wagner y Mesa 53). Incluso las prácticas de las asignaturas de actuación no pueden sustituir la experiencia que se produce en el laboratorio y en los ensayos abiertos o funciones que realiza. La escenificación es una experiencia vital del teatro, que incluso ni Grotowski logró erradicar en su totalidad de sus investigaciones. Es decir, que la práctica escénica en el ámbito Universitario puede ser de dos órdenes: a) como resultado final de un entrenamiento informativo-formativo actoral; b) como experiencia vital de lo que es la vida del teatro. Entre ellas no pueden suplantarse o confundirse y esos son precisamente los retos de un *laboratorio de puesta en escena situado*: ¿cuándo estamos en un proceso de entrenamiento o cuándo estamos en un proceso de creación?

Es el interés de esta exposición compartir algunos momentos del proceso de *laboratorio de puesta en escena* en torno a la pieza *Palabras escurridas* de Fernanda del Monte. El trabajo dentro del laboratorio se orientó hacía tres unidades principales interconectadas: definición del lenguaje contemporáneo del teatro, deconstrucción del texto dramático (como alternativa al análisis de texto), experimentación con las unidades de espacio/cuerpo.

Deconstrucción del texto dramático: entre narrativa y metateatralidad

Esta pieza como ninguna nos permitió discernir los conceptos expuestos en torno al arte en la época posmoderna, dada la peculiaridad de la historia (o las historias) que nos cuenta(n) y los criterios de su organización. Desde la primera escena, lo que leemos son dos voces presuntamente femeninas que "viven" juntas en un ambiente cerrado (puede ser su casa, un pequeño departamento donde hay una cama, una estufa, un refrigerador y un cuarto de baño con regadera). En los primeros diálogos ya observamos un contrapunto entre la atmósfera que pretendidamente debe tener el espacio escénico y sus implicaciones poéticas: todo está enmohecido (de acuerdo a la descripción de las voces) este espacio es el de un pantano, de acuerdo a la didascalias del texto.

A lo largo del texto leemos enunciaciones que rompen claramente con un primer registro de la fábula (llamémoslo de este modo), a veces en el desarrollo de la escena, otras veces al principio, como una especie de didascalia. "Las voces" representan alternativamente dos historias: una, donde dos actrices que representan a "Las voces 1 y 2", luchan contra la dramaturga, cuestionando todo el tiempo sus personajes, sus líneas, la verosimilitud de los diálogos, el realismo de la situación, etc., como se observa en el siguiente fragmento:

> [...]
> 2: Hay café en la estufa, si no lo vas a tomar, guárdalo en un vaso, el metal de la cafetera le deja un sabor amargo.
> 1: Esta obra se parece mucho a otra obra.
> 2: Le llamaré a mi madre, le diré que quiero estar embarazada, pronto iré para allá y le llevaré un nieto, le daré de nombre Romeo, para que se enamore, para que pelee por un amor de una o de varias Julietas, para que sea amado.
> 1: Ves lo que te digo, se parece a la otra obra (Del Monte 3).

La obra se desarrolla, en términos literarios, en una marcada técnica narrativa. Por ejemplo, el rodeo que efectúa en algunas escenas, donde los personajes en una exposición bipartita o individual, "exponen" parte de la historia de "las voces" para que el lector/espectador vaya hilvanando el sentido, estrategia que tampoco está lejana a un juego con diálogos de carácter didascálico (si atendemos el contenido de los mismos). Veamos por ejemplo la escena segunda, "El que perdió su silla se fue la villa":

> 1: Una historia que contar.
> 2: Entra la narrativa a escena.
> 1: Una madre abandona a una hija/
> 2: Un padre alcohólico va a casa de su hija que no ha visto en 20 años y pretende que le ayude/
> 1: La madre en lugar de irla a buscar, se vuelve adicta.
> 2: Tratamiento trillado. La madre en lugar de irla a buscar, se vuelve adicta.

1: Formas viejas para contenidos viejos. El padre, después de sacarle el dinero a la hija se va, consigue un nuevo trabajo y le deja de hablar por más de un año/
2: La hija debería matar a la madre/
1: La hija va a visitar a la madre y la encuentra enferma/
2: Tendremos que estar varios días aquí.
1: Final previsible, regresa de la guerra a la desdicha.
2: Ella piensa que el padre la quiere.
1: Dialéctica entre forma y contenido.
2: El padre sólo piensa en cómo dejar de tomar.
1: Tendremos que estar aquí mucho tiempo.
2: La hija se pone a llorar.
1: La otra hija que se pone a recuperar el dinero que le costó el padre durante su estadía.
2: La madre piensa que es buena/
1: El padre piensa que es bueno (Del Monte 4-5)

En la escena anterior observamos una concentración de las principales estrategias utilizadas a lo largo de la pieza. Se observa la narración de los acontecimientos de la acción dramática en un aparente diálogo, que no es más que la segmentación en dos voces de una sola historia (podemos observar que mediante el signo "/" la autora está estableciendo continuidad en el enunciado que se reparte en dos voces). También observamos enunciaciones que competen a la otra historia que se cuenta: la de las actrices en plena representación cuestionando la manera en que es contada la historia de "las voces". Si reorganizamos el fragmento citado podemos encontrar todos los antecedentes fabulares de "los personajes de la ficción":

(1) Una madre abandona a una hija/ (2) un padre alcohólico va a casa de su hija que no ha visto en 20 años y pretende que le ayude/ (1) La madre en lugar de irla a buscar, se vuelve adicta/ (1) El padre, después de sacarle el dinero a la hija se va, consigue un nuevo trabajo y le deja de hablar por más de un año/ (2) La hija debería matar a la madre/ (1) La hija va a visitar a la madre y la encuentra enferma/ (2) Ella piensa que el padre la quiere. El padre sólo piensa en cómo dejar de tomar. La hija se pone a llorar / (1) La otra hija que se pone a recuperar el dinero que le costó el padre durante su estadía / (2) La madre piensa que es buena / (1) El padre piensa que es bueno.

Asimismo, con "los personajes-actrices":

Artes y producción de conocimiento

(1) Una historia que contar. (2) Entra la narrativa a escena. Tratamiento trillado. (1) Formas viejas para contenidos viejos. (2) Tendremos que estar varios días aquí. (1) Final previsible, regresa de la guerra a la desdicha. Dialéctica entre forma y contenido. Tendremos que estar aquí mucho tiempo.

Más o menos de esta manera la dramaturga va presentando ambos relatos. A lo largo de toda la pieza encontraremos como una constante que, al principio de la escena, siempre observemos textos (una o dos líneas) que no son acotaciones explícitas pero que sí tienen un carácter didascálico, y a través de ellas se va presentando la historia de "los personajes-actriz", a la vez que se van señalizando las coordenadas de representación de la historia de "los personajes de ficción".

Otra singularidad de este tejido de dos historias refiere a la temporalidad en que cada una de ellas se encuentra. Toda la información que obtenemos de Amapola y Gabriela ("las voces 1 y 2") está en pasado (son acontecimientos que han ocurrido en un pasado remoto indeterminado o en un pasado inmediato indeterminado), de esta manera encontramos el carácter meramente narrativo del acontecimiento teatral; por otro lado, los diálogos de "los personajes-actrices" sí se corresponden con un presente intensivo. Veamos un ejemplo que ilustra lo dicho:

[…]
2: … Crucé la puerta, estaba ella con su cabello largo, viejo, sus tres dientes, sus miles de habitaciones en renta vacíos. Me enseñó el lugar en el que ponen a los bebés cuando nacen, me dijo que cuando no nacen, los echan en unos basureros, que no están lejos de aquí. Sí, pagué la renta
[….]
1: Se me está acabando el dinero.
2: Tú familia está más cerca que la mía. Mi hermano está deprimido, mi hermano mayor tiene ya dos mujeres y dos familias, mi mamá está sola, mi papá trabaja todo el día para pagar todo lo que perdió. Yo no quiero volver allá, aunque haga sol, ya no quiero volver allá. Es muy plano, te lo juro, yo no quiero volver allá, porque allá la gente está loca.
[…]
1: (Al frente) Esa obra ya existe.
2: (Al frente) Todo lo que digamos ya existe. Es representación.

1: Ahora estoy sentada aquí si moverme, no puedo moverme, nada me mueve, parezco una plasta verde, como la esencia de un moco lleno de sangre.
2: Y yo no paro de hablar.
1: Quisiera ser tú un segundo.
2: (Al frente) Repito, esa obra ya se escribió (Del Monte 5-7).

Cabe destacar el contraste entre la notación de las acotaciones y los "diálogos didascálicos", como ya habíamos mencionado estos últimos son enunciaciones de las actrices que presentan "dramáticamente" la historia de "Gabriela y Amapola", y simultáneamente es lo que hemos denominado la historia de "los personajes-actrices".

En el desarrollo de la pieza vamos a encontrar un recurso más: es una suspensión de las dos historias, la "Gabriela y Amapola" y "las dos actrices". Lo que observamos en esta suspensión es otro nivel de la diégesis, dada en una modalidad poética: son las palabras escurridas o que se les escurren a los personajes en forma de pensamientos poéticos. No obstante, este fragmento no está personalizado. Es decir, no se le atribuye a ninguna de las dos voces que vienen presentando la fábula. Veamos un fragmento:

Digo cuando es mentira, hallo cuando se diluye, hablo cuando se acaba, busco cuando se esfuma, me obsesiono cuando se duerme, ando, mayormente, sonidos diluidos en sílabas, formas, relucientes, de contenidos, efervescentes. Sin fondo, abajo, sostenido, por la necesidad, hablar. Otros, para crear. Ellas, para jugar. Silencio… (Del Monte 9).

En el final de la pieza observamos que la narración de los acontecimientos y la develación de los mecanismos de la teatralidad no desembocan en un "final" que "cierre" lo acontecido, y que haga que la unidad en la circunstancia refuerce la ficción. Lo que se lee es que "las actrices" insisten en sus "palabras escurridas" y en enunciar su salida del escenario.

Dada la complejidad de esta pieza, para reconstruir la fábula comenzamos desarrollando un análisis esquemático a partir de los "desplazamientos de los personajes", en concordancia con que el asunto nodal de la pieza es "el irse y regresar" de un lugar, pero también de un estado de ánimo o moral a otro, nos pareció altamente relevante detectar estos "desplazamientos físicos" de los personajes que forman la cadena tem-poral de acontecimiento y desarrollan el conflicto; después, se realizó el análisis "de las relaciones de los personajes", ya que a lo largo de la lectura de la obra nos damos cuenta de que la historia que se cuenta es "la historia de la vida de Amapola y Gabriela", y que conocemos a través de lo que nos muestra la trama: 1) cuando viven en el pantano; 2) cuando regresan a la ciudad cada quien por su cuenta. Por lo que el tejido/destejido de relaciones con los personajes son la principal causa de su transformación.

La puesta en escena

El análisis del texto dramático se extendió profundamente. Así lo ameritaba dado que la historia (fábula) y la manera en cómo se muestra esta historia (trama) es un reto enorme. Para abordar tal material en términos escénicos —dando continuidad a la exploración de la ambi-güedad, discontinuidad, heterogeneidad, pluralismo, subversión, perversión, deformación, deconstrucción, recreación, lo antimimético y lo resistente a la interpretación, etc.— se propuso investigar en torno a formas rizomáticas en el espacio para de esta manera, situar en el mismo el devenir de los "desplazamientos" y "las relaciones" de los personajes (componentes mínimos que nos permitían tejer).

Posterior a la etapa de investigación realizamos un trabajo de acopio y arquitectura, apuntalando la puesta final (siempre con la consigna de que el "trazo escénico" era una convención no agotada). Obviamente, a la par de esta experimentación escénica se realizaron procesos de producción escénica que resolvieron vestuario, escenografía, diseño gráfico, etc., siempre en función de los hallazgos y revelaciones de la obra —dicho sea de paso, hacerlo así resultó poco eficiente, en tanto que la obra parecía una pieza "sin terminar" permanentemente.

Conclusiones

• En la Universidad Nacional, y por su nivel de influencia, en las universidades públicas de los Estados Mexicanos, observamos que el modelo educativo en las carreras de teatro está caracterizado fuertemente por aspiraciones experimentales e innovadoras en contraste con un espíritu de conservación o reproducción de la tradición de los saberes, conocimientos y técnicas teatrales occidentales o americanas, para esto, pretendidamente, se ha implementado de manera reiterada el dispositivo del "Teatro Laboratorio", adoptando una *doxa* científica, más no una *episteme* científica.

- Siendo así, el *Teatro Laboratorio* ha sido el espacio convenido para realizar las prácticas de escenificación para la formación teatral; éste ha estado concentrado en la búsqueda de nuevas formas a partir de la interdisciplinariedad y como la columna central que aglutina todos los saberes que el estudiante obtiene a lo largo de su trayectoria universitaria.

- Por lo tanto, el espacio *Teatro Laboratorio* ha permitido a las universidades tener un espacio de traducción y reproductibilidad del conocimiento teatral, más que un espacio de investigación y experimentación, propiamente dicho.

- A través del caso particular, observamos que no debe descalificarse por completo la figura del *Teatro laboratorio*, por las condiciones favorables que provee a la práctica teatral, como es, la definición de objetivos y propósitos claros, de un programa de investigación concreto, la posibilidad de hacer un acopio de la memoria colectiva en torno al conocimiento específico, de los saberes narrativos, entre otras; pero es necesario pasar de la *doxa* a la *episteme* científica. No cualquiera, sino que parta de la objetividad encarnada y el conocimiento situado (en los postulados de Haraway), considerando el material tan específico que se investiga en el *Teatro Laboratorio*: la actoralidad y su relación con los espectadores.

Dentro de los resultados concretos de la investigación centrada en *Palabras Escurridas* (efectuada en las condiciones antes explicadas) encontramos las siguientes conclusiones:

- En tanto que lo contemporáneo actual se concatena con el periodo denominado Posmodernidad, definido como recodificación de la Modernidad, indudablemente, lo primero que está en cuestión son los componentes básicos del drama: la noción de personaje, la construcción de la fábula, la configuración de la trama, el conflicto, el espacio escénico, etc.

- Sin duda, podríamos denominar esta pérdida de especificidad del personaje teatral parte de la crisis del drama contemporáneo, junto a las nuevas formas de la fábula, se concatena con la crisis del sujeto, la crisis del discurso y la historia porque al ocultar la entidad específica del personaje, inclusive su consistencia como entidad ficticia, se oscurece la manera de contar y mostrar.

- Estamos frente a una dramaturgia que resta importancia del personaje individual y su desarrollo dramático, a través de la enunciación narrativa (aquella que no se instrumenta en la acción) de los acontecimientos de la fábula y el *interpersonaje*, es decir, el espacio dramático que se construye entre los personajes. Es decir, como efecto de la disolución del sujeto, vemos que emergen con mayor relevancia los espacios intermedios entre los cuerpos.[88]

---

[88] "[…] al observar la oposición fundacional entre las dramaturgias en las que la enunciación se instrumenta en la acción y aquellas en las que se desintrumentaliza [tenemos una] perspectiva bipartita, [donde] el autor distingue a los personajes que están «fuertemente diseñados, contorneados, caracterizados» y por lo mismo 'interesantes para sí mismos y en ellos mismos', de las escrituras en las que 'el espacio interpersonaje (interpersonnage)' es más significativo, interesante que los personajes vistos individualmente" (Michel Vinaver, en Rygaert y Sermon 12).

Bibliografía

"Historia. Los inicios". *Teatro Filosofía*. México, Universidad Autónoma de México, Facultad de Filosofía y Letras, 13 de marzo de 2018, http://teatro.filos.unam.mx/acerca-de-la-licenciatura/historia/

Braun, Edward. *El director y la escena. Del naturalismo a Grotowski*. Buenos Aires, Editorial Galerna, 1986.

Del Monte, Fernanda. *Palabras escurridas*. México, Paso de Gato, 2014.

Grotowski, Jerzy. *Hacia un teatro pobre*. México, Siglo XXI Editores, 1970.

Haraway, Dona. "Conocimientos situados: la cuestión científica en el feminismo y el privilegio de la perspectiva parcial". *Ciencia, cyborgs y mujeres, la reinvención de la naturaleza*. Valencia, Ediciones Cátedra, 1995.

Rygaert, Jean-Pierre y Julie Sermon. *El personaje teatral contemporáneo: descomposición, recomposición*. México, Paso de Gato, 2016.

Lyotard, Jean François. *La condición posmoderna. Informe sobre el saber*. Madrid, Cátedra, 2004.

Moncada, Luis Mario. "El milagro teatral mexicano". Olguín, David (Coord.). *Un siglo de teatro en México*. México, Fondo de Cultura Económica/Consejo Nacional para la Cultura y las Artes, 2011.

Olguín, David (Coord.). *Un siglo de teatro en México*. México, Fondo de Cultura Económica/ Instituto Nacional de Bellas Artes, 2011.

Ramírez Juárez, Arturo. "Dos décadas de dramaturgia mexicana" en *Revista Iberoamericana*, EUA, University of Pittsburgh, 23 de enero de 2018, https://revista-iberoamericana.pitt.edu/ojs/index.php/Iberoamericana/article/viewFile/4662/4826

Wagner y Mesa, M. Aimée. "La enseñanza teatral en la Facultad de Filosofía y Letras". González Casanova, Manuel y Hugo Alberto Figueroa Alcántara (Coords.). *Historia del teatro en la UNAM*. México, Universidad Nacional Autónoma de México, 2011.

Perspectivas e percepções: um estudo exploratório no âmbito da percepção musical

Mário Aníbal Gonçalves Rego Cardoso
Escola Superior de Educação, Instituto Politécnico de Bragança

Maria Beatriz Licursi Conceiçao
Universidade Federal no Rio de Janeiro

Levi Leonido Fernandes da Silva
Universidade de Trás-os Montes e Alto Douro -Vila Real, CITAR – UCP

Elsa Maria Gabriel Morgado
Centro de Estudos Filosóficos e Humanísticos, CEFH

Resumo

O presente estudo decorre de uma pesquisa exploratória com numa abordagem qualitativa, descritiva e interpretativa, através da recolha de narrativas junto aos discentes dos Cursos de Música de uma instituição de ensino superior brasileira e portuguesa, com o objetivo de conhecer e identificar suas perspectivas e percepções no domínio da Percepção Musical. Da recolha, codificação e análise de todos os relatos, resultou a definição de duas dimensões organizadoras: uma focalizada no estudante e outra centrada na unidade curricular. Da análise e interpretação dos dados, emergem indicadores que destacam que na formação e construção profissional de um músico, existem indícios relevantes, no que concerne às crenças, dificuldades e métodos de ensino, que devem representar motivo de reflexão sobre as concepções, práticas e recursos a desenvolver para este século.

Abstract

The present study stems from an exploratory research with a qualitative, descriptive and interpretive approach, through the collection of narratives from the students of the Music Courses of a Brazilian and Portuguese higher education institution, in order to know and identify their perspectives and perceptions in the field of Musical Perception. From the collection, codification and analysis of all the reports, two organizing dimensions were defined: one focused on the student and another focused on the curricular unit. From the analysis and interpretation of the data, indicators emerge that highlight that in the formation and pro-fessional construction of a musician, there are relevant indications regarding beliefs, difficulties and teaching methods, which should be considered as reflections on the conceptions, practices and resources to be developed for this century.

Introdução

É recorrente se encontrar no universo educativo relatos de que muitos dos estudantes que entram nos cursos de ensino superior de Música que apresentam muitas lacunas e falhas em vários aspectos perceptivos e conceituais que constituem a formação musical. Segundo Otutumi, estas falhas resultam do tipo ensino obtido por estes estudantes antes de entrarem no ensino superior. Essa constatação é contínua destacando que uma das razões é que nem todos os estudantes possuem condições para assumir um estudo particular para este objetivo especificamente. Percebe-se nitidamente que os estudantes possuem capacidade. Porém a ausência de uma orientação adequada causa uma dificuldade maior do que é na realidade. Por esta razão, a tendência é se sentirem incapazes, construindo estereótipos envolta da disciplina. É muito recorrente existir e encontrar no seio do corpo discente a ideia que a *Percepção Musical* é uma disciplina muito difícil.

No ensino superior brasileiro e português o domínio em estudo apresenta diferentes denominações, tipologias e presença nos diferentes planos curriculares. Por exemplo, na Universidade Federal do Rio de Janeiro (UFRJ), Brasil, a disciplina é denominada de *Percepção Musical*, de caráter coletivo e oferece os dois primeiros períodos como obrigatórios e os demais eletivos, dependendo do curso em realização, que podem ir até o VI período. A UFRJ oferece a partir do período corrente a disciplina *Introdução à Percepção Musical I e II*, uma vez que constatamos o frequente desnível das turmas, pois os calouros estudam para o *Teste de Habilidade Específica* de maneira muito diferenciada causando muitas dificuldades para ingresso na graduação no curso de música. Pretendeu-se dessa forma, diminuir ou preferencialmente resolver o problema do desnível entre os alunos nas turmas, estimulando-os através de procedimentos didáticos adaptáveis às suas condições que permitem contribuir para um aumento motivacional para a disciplina, uma vez que se sentem capazes de realizar os exercícios aplicados, e paulatinamente proporcionam a compreensão, consolidação e autonomia na aprendizagem e habilidades a serem adquiridas. No caso do ensino superior português, a disciplina apresenta diferentes denominações (p.e. *Formação Musical* ou *Formação Auditiva*) e a sua presença é obrigatória em todos os cursos superior de música (Cardoso). É necessário salientar que existe nos cursos superiores de música a especialização nesta área. Apesar da presença e obrigatoriedade desta disciplina nos cursos de formação em música, as transformações científicas e tecnológicas da sociedade atual colocam cada vez mais a necessidade da sua renovação e reconfiguração didática (Cardoso & Silva).

Considerando relevante o senso auditivo para a prática do músico profissional, o trabalho didático que a área da Percepção/Formação Musical assume nos currículos de ensino superior em Música, e com o objetivo de desenvolver um *corpus* de conhecimento que permita contribuir para a reflexão e (re)configuração dos cursos de formação de música, principalmente na área em estudo, pretendemos conhecer as perspectivas e percepções dos estudantes dos cursos de música de duas instituições de ensino superior brasileiro e português sobre a disciplina de Percepção/Formação Musical. Acreditamos que a situação de diferentes níveis de preparo em turmas de graduação seja presente em outros países também pois normalmente a tendência, com as devidas exceções, é estudar teoria musical com pouca aplicação da percepção musical dando-se maior atenção ao instrumento musical.

Percepção Musical

Percepção Musical em sua estruturação interna se organiza em três frentes – melódica, rítmica e harmônica, nas quais conteúdos específicos de cada elemento da música são minuciosamente desenvolvidos e praticados. Trata-se de uma disciplina obrigatória dos cursos superiores, portanto, coletiva, com uma intensa demanda de turmas. Essa característica faz absorver estudantes de diferentes modalidades, com níveis bastante heterogêneos de conhecimento. Ingressantes de canto, percussão, regência, composição, e demais instrumentos, que exigem habilidades e conhecimentos específicos, compõem, assim, o grupo e saberes de uma turma.

Tal diversidade é um tanto lógica, mas, em nossa opinião, estritamente necessária de ser frisada, pois é possível constatar que boa parte desses ingressantes não estudou Percepção Musical anteriormente, ou melhor, não tiveram experiências com esse modelo de estudo; o que faz surgir uma dificuldade prática para o docente: mediar as orientações das ementas às condições de conhecimento da classe, caminhando, entre o aperfeiçoar e o desenvolver bases, respectivamente.

A Percepção Musical para Duarte é resultado de uma articulação contínua entre os processos perceptivos e os momentos de elaboração conceitual, pois ultrapassa a dimensão sensorial, aproximando-se dos processos de cognição. De modo similar, Bernardes & Campolina consideram o desenvolvimento da Percepção essencial e indispensável na formação de qualquer músico. Porém, abordam-na como disciplina, a qual acreditam que pode ser entendida como básica na formação dos músicos, já que ocupa um número importante de semestres na maioria dos currículos das escolas de música, tornando-se um dos eixos dessa formação.

Para Santiago a Percepção Musical, deve desde o início fazer parte de qualquer processo de formação de um eterno estudante de Música, porque trata de uma disciplina que lida, entre outras questões, com a cognição, as experiências e os significados emocionais de cada um, e, portanto, também com questões abstratas e subjetivas do discente e de quem o orienta em seu método de estudo.

Swanwick concebe a Percepção Musical como a capacitação dos alunos para o aprendizado e compreensão da música como linguagem, seja nos aspectos gramaticais, sintáticos ou semânticos. Essa é a base pela qual conduzem a disciplina, e que segundo ele, possibilita o afastamento das equivocadas metodologias ainda hoje facilmente encontradas – a exemplo daquelas que tem como princípio a fragmentação do discurso musical, ou seja, pertencentes à concepção tradicional. Segue Grossi expondo que essa forma de percepção, que integra e interrelaciona as partes e o todo, evidenciando a estrutura da linguagem, permite ainda, que a música seja compreendida como um objeto vivo, portador de tantos sentidos quantos forem os percebidos e articulados pelo ouvinte ou pelo intérprete. Essa forma de percepção é muito diferente da que separa, discrimina e fragmenta e lineariza a música.

Metodologia

Convictos que a constituição de toda a experiência resulta numa organização sobre a forma narrativa onde criamos histórias, mitos e crenças, procedeu-se à recolha de narrativas junto da população discente dos cursos de graduação de uma instituição de ensino superior brasileira e portuguesa, com a finalidade de saber as suas perspectivas e percepções relativas à área da Percepção/Formação Musical. Em termos operacionais, foi solicitada a cada discente, a composição de um pequeno texto onde relata-se as experiências vivenciadas na disciplina em estudo. A utilização da narrativa como instrumento fundamental nesta investigação prende-se unicamente com o facto de que todas as histórias se tornarem uma forma de capturar "a complexidade, a especificidade e interpelação dos fenómenos com que lidamos" (Couto 116). A identificação de elementos significativos para estes estudantes revelou-se fundamental para o estabelecimento de uma proximidade real com o objecto de estudo, favorecendo o conhecimento e aproximação das ideias, experiência e percepções (Carter; Trigwell & Prosser; Trigwell, Prosser, & Waterhouse). Todos estes relatos foram submetidos a uma análise de conteúdo (Bardin) assumida em duas perspectivas interrelacionais (descritiva e explicativa), tendo-se definido duas dimensões organizadoras: (1) focalizada no estudante *(Face ao Eu)*; (2) focalizada na unidade curricular *(Face à disciplina)*. Em relação ao nível da contagem de frequências foram utilizados os seguintes critérios: (1) quando no mesmo relato existiu uma ou mais referências, foi unicamente contabilizada uma vez essa referência; (2) quando o significado ou ideia se apresentavam diferentes, foram contabilizadas tantas frequências como quantas referências. Ao nível metodológico, foram utilizadas as propostas de Carmo & Ferreira, Quivy & Campenhoudt e Bardin, no tratamento e análise dos dados recolhidos nas suas diferentes fases (fase de pré-análise, da fase descritiva, do procedimento de inferência e interpretação dos dados).

Análise e discussão dos resultados

Em relação à primeira dimensão - *Face à disciplina* - um dos aspectos a salientar é a relevância que a assume na formação e construção profissional do Músico. Este fator pode ser observado através da análise dos excertos que apresentamos em seguida referentes à categoria *importância*:

a. *"Mas também é verdade que desde que comecei a ter PM, comecei a prestar mais atenção às músicas que ouço."* ANI 2

b. *"(...) importante para me ajudar a fazer de mim o que sonho: um músico."* ANI 8

c. *"(...) tem um valor fundamental para aprender e compreender música."* ANI 9

Para lá do valor revelado que a disciplina assume é de destacar alguns indicadores interessantes que são introduzidos nestas narrativas. Um desses indicadores é a mudança de paradigma no acto de escuta de obras musicais (ANI 2), colocando a atenção como fator de ligação ou meio nessa transformação. Neste particular, Levitin afirma que "a experiência e a atenção podem influir no agrupamento, e que assim sendo, partes do processo de agrupamento estão sob o controlo cognitivo consciente" (90). O agrupamento é entendido pelo autor como um processo hierárquico ou modo como o nosso cérebro forma grupos perceptivos.

Outro aspecto a destacar na análise das narrativas são as questões ligadas às *crenças*, das quais destacamos algumas que se encontram espelhadas nas seguintes transcrições:

    a. *"(...) um bocado difícil para quem não tem bases musicais"* ANC 4
    b. *"A teoria musical é como um instrumento, tem que se praticar."* ANC 7
    c. *"(...) onde aprendo a base e tudo sobre teoria musical"* ANC 8

De acordo com Richards & Lockhart, um fator preponderante na construção destas *crenças*, encontra-se a influência do contexto social da aprendizagem (Trigwell & Prosser). Partindo deste facto, todos estes indicadores emergem, em nossa opinião, das práticas pedagógicas envol-tas em algum tradicionalismo, centradas no desenvolvimento técnico de acuidades auditivas e teóricas, descontextualizadas da obra musical que, para além de contribuírem para estas construções, permitem uma associação a fatores ligados à aptidão. Foram ainda encontradas algumas referências aos *métodos de ensino* presentes neste domínio:

    a. *"Esta unidade tem como base a leitura e compreensão de pautas e a compreensão auditiva."* ANME 1
    b. *"Fizemos exercícios diversos e ditados rítmicos."* ANME 2

Da análise dos relatos apresentados, fica claro que as práticas musicais associadas ao solfejo e ditados (rítmico e melódico) representam estratégias marcantes e regulares no domínio da Percepção Musical. Este facto já tinha sido levantado durante a análise documental efectuada aos diversos planos e programas referentes a esta disciplina.

Relativamente à dimensão *Face ao "Eu"*, a análise permitiu apontar para a existência de três categorias: (1) *dificuldades*; (2) *auto-eficácia*; (3) *desejos*. De todo o processo de categorização das unidades de registo referente a esta dimensão, a categoria *dificuldades* foi a que obteve um maior número de incidência. Deste modo, seguem algumas das narrativas identificadas durante o processo de análise:

a. *"(...) sempre tive algumas dificuldades em fazer ditados melódicos e no reconhecimento de acordes."* AND 3

b. *"As minhas grandes dificuldades são por vezes a rapidez com que se faz os exercícios e os tempos e pulsação. Quando há que conciliar as mãos e voz ou viceversa."* AND 7

c. *"Encontrei várias dificuldades, como por exemplo tentar acompanhar os meus colegas nos exercícios propostos...temos que fazer ditados rítmicos e muitas das vezes não acerto."* AND 8

Como podemos verificar pela análise das narrativas apresentadas, as dificuldades indicadas, centra-se de uma forma geral, na execução de exercícios particulares (solfejo e ditados rítmicos e melódicos). Acrescentamos ainda que as dificuldades surgem associadas a outros fatores como: (1) a diferenciação de nível existente entre os vários alunos (AND 8); (2) questões relacionadas com a coordenação físico-motora (AND 7); (3) processos de assimilação, percepção e simplificação dos vários elementos constituintes do universo musical (AND 3). Todavia estes elementos permitem colocar uma questão: dificuldade dos estudantes ou dificuldade dos exercícios propostos? Apesar de esta questão necessitar na nossa de perspectiva de uma investigação empírica adicional, podemos, associando a nossa experiência no universo em estudo, colocar algumas hipóteses para esta questão. Assim, pensamos que o nível de dificuldade possa ser tanto maior quando mais os exercícios se afastarem de um contexto vivenciado. Quanto mais o contexto for explícito, assente em procedimentos e conhecimentos já aprendidos anteriormente, existe uma diminuição do nível de dificuldade e até um aumento da confiança na realização das tarefas. Para nós, todas estas propostas de trabalho (solfejos, ditados rítmicos e melódicos) estão circunscritas ao seu universo, encerrando-se em si próprios. Estas propostas permitem unicamente um desenvolvimento de uma qualidade para a execução dessas práticas particulares. Outra hipótese prende-se com o facto de o professor não conhecer, de uma forma clara, os motivos que estão a obstruir a aprendizagem. Estas dificuldades podem estar relacionadas com os seguintes fatores: (1) decorrência de um conceito ainda não apreendido; (2) incompreensão do nível de linguagem do professor; (3) problemas na associação com outro conceito; (4) outros fatores ligados à motivação e atenção. De forma a amenizar as dificuldades indicadas, o trabalho deve assumir duas fases: (1) trabalhar o potencial de aprendizagem; (2) desenvolver e consolidar o conteúdo musical.

Salientamos também a existência a alusões referentes, ao que foi denominado por Espinosa, como a própria essência do ser humano - o *desejo*. Neste particular, e partindo da proposta filosófica do autor, devemos acrescentar que apesar de existir uma participação da racionalidade na Educação, aquilo que se aprende ou ensina, representa um o acto que envolve muito mais do que um conhecimento racional. Segundo Merçon, devemos acrescentar um conhecimento imaginativo, parcial e imediato. As narrativas seguintes ilustram todas as alusões a esta categoria:

a. *"Tenho como objectivo a minha formação."* ANDe 2
b. *"Agora tenho como objectivos tentar melhorar o meu ritmo, o meu ouvido e até mesmo a minha capacidade de memorização de algumas obras e exercícios."* ANDe 3

Em todas estas afirmações está patente a ideia de que esta disciplina representa um passo essencial para o aprimorar do desempenho musical nas suas várias dimensões. No entanto, destacamos que algumas destas narrativas apontam, mais uma vez, para o tipo de conteúdos e *métodos de ensino* em que assenta todo este domínio.

Outro aspecto que consideramos interessante abordar, ainda nesta dimensão do *Face ao Eu* está relacionada com a *auto-eficácia* (Zelenak; Souza & Brito; Bandura, Barbaranelli, Caprara & Pastorelli; Schunk). De acordo com Schunk, este termo representa as "crenças dos alunos nas suas capacidades em aplicar eficazmente o conhecimento e as competências que já possuem e deste modo aprenderem novos conhecimentos e novas competências" (14). De uma forma resumida, podemos dizer que este constructo não indica nem se refere à capacidade do indivíduo, mas sim ao que o mesmo acredita ser capaz de realizar (Bandura; Souza & Brito), partindo de um conjunto de experiências pessoais (Zimmerman & Cleary):

a. *"O meu objectivo para esta cadeira é conseguir melhorar o meu desempenho a nível musical, bem como a minha leitura de partituras."* ANAf 2
b. *"(…) mas eu sou astuto e sei que consigo ultrapassar os obstáculos porque querer é poder."* ANAf 3

Este constructo vinculado às aspirações e escolhas dos alunos (Bandura, Barbaranelli, Caprara & Pastorelli), produz diversos efeitos no nível dos processos cognitivos, motivacionais, afectivos e de seleção (Zelenak). Um exemplo destas *crenças* nas suas próprias capacidades no nível do domínio musical pode ser observado nas seguintes afirmações:

a. *"(...) finalmente estudo em algo que me fascina e que me dá motivação para seguir em frente"* ANAf 4
a) *"Tenho como perspectivas iniciais, evoluir musicalmente"* ANAf 6
c. *"(...) vou esforçar-me para alcançar o meu objectivo"* ANAf 7

De acordo com Bandura, existem alguns fatores que estão na origem e desenvolvimento destas crenças de *auto-eficácia*: (1) *experiências de êxito*; (2) *experiências vicárias*; (3) *persuasão verbal*; (4) *indicadores fisiológicos*. Devemos acrescentar que todos estes fatores, podem funcionar de forma independente ou mesmo combinada permitindo que em cada uma delas, o aluno possa avaliar o seu grau de eficácia durante todos os momentos da execução de alguma tarefa.

Considerações finais

Da leitura e análise das narrativas realizadas pelos participantes deste estudo resultam os seguintes indicadores:

1. Evidência clara e unânime da importância que a disciplina de Percepção Musical assume na formação e construção profissional de um músico;
2. Destaque para a existência de um conjunto de crenças, associadas à aptidão musical e à dificuldade intrínseca à própria disciplina. Acreditamos que de alguma maneira, estes estereótipos afetam e condicionam toda a postura e desempenho do corpo discente.
3. Os métodos de ensino mais referenciados pelos alunos, centrados em exercícios de leitura e escrita musical (solfejo, ditados rítmicos e melódicos), confirmam os dados recolhidos da análise documental;
4. Apesar da importância evidenciada relativamente à disciplina na formação musical, existiu uma incidência de frequência bastante elevada no constructo *Dificuldade*;
5. Sobressai de todo este estudo exploratório a ausência a alusões à colaboração com outras disciplinas e áreas artísticas, mas também no estabelecimento de pontos de contacto com o acto performativo (ao nível vocal e instrumental).

Em suma, observamos que é importante sempre pensar atentamente numa revisão da metodologia de trabalho para que possamos atender aos pontos necessários para o desenvolvimento acuidade auditiva. Destacamos como fator motivacional ouvir e considerar as experiências musicais dos alunos, pois assim se sentirão também estimulados para participarem mais ativamente nas aulas. Essas experiências podem ser úteis e no mínimo será uma integração entre os alunos o relato de cada um sobre sua vivência musical até o ingresso no ensino universitário. Destacamos que a compreensão musical do que se ouve para escrever assim como do que se lê para realizar ritmicamente ou no solfejo, é o ponto principal. O raciocínio que conduz ao entendimento auditivo e musical é imprescindível para toda e qualquer manifestação na aprendizagem e desenvolvimento de habilidades nas aulas de Percepção Musical.

Referências

Bandura, A. *Social foundations of thought and action: a social cognitive theory*. Englewood Cliffs, Prentice-Hall, 1986.

Bandura, A., C. Barbaranelli, G. Caprara. & C. Pastorelli. "Self-efficacy beliefs as shapers of children's aspirations and career trajectories". *Child Development*, vol. 1, no. 72, 2001, pp. 187-206.

Bardin, L. *Análise de conteúdo*. Lisboa, Edições 70, 1995.

Bernardes, V. & C. Campolina. "A percepção musical sob a ótica da linguagem". *Revista da ABEM*, ano VI, no. 6, 2010.

Cardoso, M. *A (des)construção: um modelo multidimensional de educação auditiva*. 2015. Universidade de Trás-os-Montes e Alto Douro, PhD dissertation.

Cardoso, M. & L. Silva. "O Ensino da Música no Século XXI: rede de possibilidades de formação". Mesquita, C., M. V. Pires & R.P. Lopes (Eds.), *1.º Encontro Internacional de Formação na Docência*. Bragança, Instituto Politécnico de Bragança, 2016, pp. 695-701.

Carmo, H. & M. Ferreira. *Metodologia da Investigação*. Lisboa, Universidade Aberta, 1998.

Carter, K. "The place of story in the study of teaching and teacher education". *Educational Researcher*, vol. 1, no. 22, 1993, pp. 5-12.

Couto, C. *Professor: o inicio da prática profissional*. Lisboa, Universidade de Lisboa, 1998.

Duarte, A. *Percepção Musical, Método de solfejo baseado na MPB*. Salvador, Boanova, 2006.

Espinosa, B. *Tratado da correção do intelecto*. Tradução C. L. de Mattos. São Paulo, Nova Cultural, 1997.

Grossi, C. "Avaliação da percepção musical na perspectiva das dimensões da experiência musical". *Revista da ABEM*, ano VI, no. 6, 2012.

Levitin, D. *Uma paixão humana: o seu cérebro e a música*. Lisboa, Editorial Bizâncio, 2013.

Merçon, J. "O desejo como essência da educação". *Filosofia e Educação*, vol. 1, no. 5, 2012, pp. 25-51.

Otutumi, C. *Percepção musical: situação atual da disciplina nos cursos superiores de música*. Campinas, Instituto das Artes, 2008.

Quivy, R. & L. Campenhoudt. *Manual de Investigação em Ciências Sociais*. Lisboa, Gradiva, 1992.

Richards, J. & C. Lockhart. *Reflective Teaching in Second Language Classrooms*. Cambridge, Cambridge University Press, 1996.

Santiago, G. *Treinamento de Percepção Musical*, Mód.1. São Carlos, EdUFSCar, 2012.

Schunk, D. "Self-efficacy and cognitive achievement implications for students with learning problems". *Journal of Learning Disabilities*, vol. 1, no. 22, 1989, pp. 14-22.

Souza, L. & M. Brito. "Crenças de auto-eficácia, autoconceito e desempenho em matemática". *Estud. Psicol.*, vol. 2, no. 25, 2008, pp. 193-201.

Swanwick, K. *Ensinando música musicalmente*. Tradução Alda de Oliveira e Cristina Tourinho. São Paulo, Moderna, 2011.

Trigwell, K & M. Prosser. "Improving quality of student learning: the influence of learning context and student approaches to learning on learning outcomes". *Higher Education*, no. 22, 1991, pp. 251-266.

Trigwell, K., M. Prosser & F. Waterhouse. "Relations between teachers approaches to teaching and students' approaches to learning". *Higher Education*, no. 37, 1999, pp. 57-70.

Zelenak, M. S. "Measuring the Sources of Self-Efficacy Among Secondary School Music Students". *Journal of Research in Music Education*, vol. 4, no. 62, 2015, pp. 389-404.

Zimmerman, B. & T. Cleary. "Adolescents development of personal agency: The role of self-efficacy beliefs and self-regulatory skill". *Self-efficacy beliefs of adolescents*, no. 5, 2006, pp. 45-69.

Formación para la Actuación en Buenos Aires.
La posición de la Universidad en un escenario complejo

Karina Mauro
CONICET – Universidad de Buenos Aires / UNA

Resumen

Este artículo focaliza en la formación para la actuación, entendida como el conjunto de técnicas, metodologías, instituciones, discursos y agentes que se ponen en juego en el devenir de un sujeto en actor y que constituyen un campo en constante transformación y disputa. Nos proponemos analizar el derrotero de la formación para la actuación en Buenos Aires, desde el ejercicio del oficio en compañías hasta su introducción en la universidad. Nuestro fin último es aportar herramientas conceptuales e historiográficas para la construcción de programas de formación para la actuación y para la dirección de actores que se hallen fundamentados teóricamente.

Abstract

This article focuses on acting training, understood as the group of techniques, methodologies, institutions, discourses and agents participating in the development of the subject into an actor. Acting training constitutes a field in continuous transformation and dispute. We propose to analyze the course of acting training in Buenos Aires, from the exercise of the trade within troupes to its introduction in the University. Our objective is to provide analytical and historiographical tools for the development of theoretically-based programs of acting and direction training.

Artes y producción de conocimiento

La actuación es un acontecimiento que reúne a un sujeto que se ofrece a la mirada de otro, en una relación que puede ser directa o mediatizada por algún tipo de dispositivo. Se trata de una forma de expresión presente a lo largo de la historia de la humanidad, hundiendo sus raíces en los bordes del ritual y sobrepasando los límites de lo que la cultura occidental ha entendido por "teatro" a lo largo de su historia.

Lo perturbador y disruptivo que conlleva la relación entre un sujeto que exhibe públicamente su cuerpo y su accionar ante la mirada de otro, que ha decidido a su vez suspender su capacidad de acción y la mostración de su propio cuerpo,[89] se halla en la base de una cadena de reparos que pesan y han pesado sobre a actuación durante siglos. Desde la desvalorización y la marginalidad atribuida a quienes se desempeñan como actores y actrices, hasta el supuesto carácter "indecible" de la actuación con el que los estudios teatrales tradicionales justifican la carencia de elaboraciones teóricas específicas, pasando por la aparición de instancias que, esgrimiendo argumentos morales, religiosos, políticos, económicos o estéticos, se interponen entre el artista y la mirada del espectador; todos estos fenómenos constituyen una reacción de la cultura occidental frente al carácter disruptivo que plantea la actuación en tanto acontecimiento que desborda el lenguaje y el sentido.

Este artículo pone el foco en un territorio espacial y simbólico que podríamos ubicar en la encrucijada de las manifestaciones recién enumeradas: la formación para la actuación, entendida como el conjunto de técnicas, metodologías, instituciones, discursos y agentes que se ponen en juego en el devenir de un sujeto en actor y que constituyen un campo en constante transformación y disputa.

No obstante, la importancia que posee el vastísimo campo de la enseñanza de la actuación en la Ciudad de Buenos Aires (conformado por cursos, talleres, escuelas privadas y públicas, a los que se les suma la universidad), la instancia formativa se aborda desde un vacío conceptual y una carencia de sistematicidad. Entonces, ¿cuáles son los presupuestos que rigen la formación de un actor? ¿Cuál es la idea de sujeto que subyace en las diversas metodologías específicas de actuación que se transmiten en los diversos espacios y/o instituciones? ¿Cuál es la idea de teatro, de cultura y de espectador que están circulando implícitamente por las mismas?

---

[89] En este sentido, acordamos con Jacques Rancière cuando desestima la idea de expectación como algo pasivo y culpable, y por lo tanto exime al espectador de la obligación de asumir algún tipo de acción emancipadora.

A continuación analizaremos el devenir histórico de la formación para la actuación en Buenos Aires, desde el aprendizaje del oficio en el seno de compañías teatrales hasta la creación de facultades y carreras universitarias dedicadas exclusivamente a la enseñanza de la actuación y de la dirección. Nuestro fin último es aportar herramientas conceptuales e historiográficas para la construcción de programas de formación para la actuación y para la dirección de actores que se hallen fundamentados teóricamente y que contemplen las dimensiones estética, ética, laboral, patrimonial, internacional y en tanto productora de conocimiento que posee la actuación.

El campo de la formación para la actuación en Buenos Aires

El análisis y la sistematización del vastísimo campo de la formación para la actuación en la Ciudad de Buenos Aires, que incluye ofertas tanto formales como informales, individuales e institucionales, es un desafío pendiente y que necesita de la generación de indicadores específicos que exceden los objetivos de este trabajo. Nos proponemos aquí, en cambio, dar cuenta de algunos lineamientos generales sobre la problemática, basados en las historias del teatro existentes (Pellettieri, 2002, 2003 y 2001a), y que posee aún muchos puntos oscuros sobre los que es necesa-rio continuar indagando.

Desde finales del siglo XIX y durante las primeras décadas del XX la actividad teatral se hallaba organizada en compañías, reunión estable de actores que no sólo generaba espectáculos, sino que también funcionaba como espacio para la incorporación y formación de nuevos artistas. La actuación era un oficio que el aprendiz adquiría ingresando a una compañía en el escalafón más bajo, observando a los actores más experimentados, aceptando los desafíos cuando se los daban, cometiendo errores y saliendo victorioso en igual o desigual proporción, lo cual determinaba el devenir de su carrera. El actor pasaba por todos los roles, muchas veces asignados por motivos involuntarios y ajenos a su capacidad o talento, ya que estos tenían que ver con la edad o la apariencia física. El miembro de mayor trayectoria funcionaba como "cabeza de compañía", haciendo las veces de maestro y/o director del resto. De este modo, la formación se hallaba completamente imbricada con el trabajo, cuyas condiciones, por otra parte, eran de una precariedad e informalidad extremas. Es en este contexto que los actores adquirían los rudimentos de las metodologías específicas⁹⁰ de actuación más utilizadas en las propuestas teatrales de la época: la Dicción Interpretativa o Declamación⁹¹ y la denominada Actuación Popular Nacional (Pellettieri: 2001b).⁹²

Con el ingreso a la Modernidad, las nuevas concepciones acerca de la transmisión del conocimiento desestimaron esta forma de traspaso del saber (considerada la razón por la que los vicios del divismo y la búsqueda del efecto se reproducían entre los actores), promoviendo la apertura de escuelas oficiales de actuación. Se aplicó el concepto de "carrera de actuación", que supone un plan diseñado y racional de estudio organizado en etapas, de varios años de duración, y con diversas disciplinas o materias, pero fundamentalmente, la creación de un espacio de aprendizaje "higiénicamente" separado del de la producción. La premisa es que el alumno de actuación no debe actuar ante el público, lo cual difiere drásticamente de la necesaria salida al ruedo que suponía el aprendizaje dentro de una compañía.

Sin embargo, las instituciones de formación para actores en Buenos Aires lograron organizarse tardíamente y surgieron subordinadas a otras disciplinas artísticas, como la música académica, lo cual demuestra la posición periférica del teatro en el campo cultural porteño. Mientras que la Facultad de Filosofía y Letras de la Universidad de Buenos Aires fue fundada en 1896 y la Academia de Bellas Artes en 1905, habrá que esperar recién hasta 1925 para la apertura del Conservatorio Nacional de Música y Declamación⁹³. El mismo es creado como un desprendimiento de la Escuela de Arte Lírico y Escénico que funcionaba en el Teatro Colón. Recién

---

⁹⁰ Entendemos por "metodología específica" al conjunto de procedimientos concretos que se ponen en práctica para lograr una actuación según un tipo de poética o estética histórica. Posee, por lo tanto, un carácter prescriptivo. (Para profundizar, ver Mauro 2014)

⁹¹ La metodología de la Dicción Interpretativa o Declamación se propone como objetivo exclusivo la optimización de la comunicación del texto dramático al público. Por lo tanto, la tarea del actor se limita a realizar una elocución perfecta y un desempeño corporal que no interfiera con la claridad del texto. Para ello, debe someterse a una codificación previa y externa de los movimientos, que tiende a la máxima visibilidad frontal de la totalidad de la escena, según un cálculo óptico. (Para profundizar, ver Mansilla y Pellettieri 2001b).

⁹² Osvaldo Pellettieri (2001b) caracteriza a la Actuación Popular Nacional como aquella surgida de la combinación de la influencia del cómico italiano, el payaso del circo criollo y el naturalismo. Sus procedimientos principales son la mueca y la maquieta, que se utilizan en forma sucesiva o yuxtapuesta, y los secundarios, la parodia, la morcilla, el balbuceo y el equilibrio precario del cuerpo, entre otros. (Para profundizar, ver Mauro 2013).

⁹³ No obstante, se registran algunos antecedentes, como el efímero Conservatorio Lavardén fundado en 1908, y el Teatro Municipal Infantil (denominado Instituto de Teatro Infantil Lavardén a partir de 1928 y después de 1958, Instituto Vocacional de Arte) y el Teatro Infantil de Angelina Pagano, fundados en 1913. Es notorio que la iniciativa municipal se oriente a la formación para la actuación de niños como clara manifestación de la educación *por* el arte, antes que la educación *para* el arte, es decir, a la formación de adultos con vistas a su profesionalización.

en 1957 se crea una Escuela Nacional de Arte Dramático, como desprendimiento del Conservatorio, cuya dirección y plan de estudios fue diseñado por Antonio Cunill Cabanellas (1894–1969), figura cuya omnipresencia en la constitución de los lineamientos del teatro y la formación para la actuación oficiales[94] requiere de una investigación profunda y aún pendiente. La creación de la Escuela Municipal de Arte Dramático, por su parte, deberá esperar hasta 1965. Surgida como parte integrante del Instituto Lavardén, la misma alcanzará su autonomía recién en 1974.

Es significativo que estas instituciones hayan optado de manera unánime por la transmisión de la metodología de la Dicción Interpretativa (y luego de su ingreso al país, por el "sistema" Stanislavski), ignorando la metodología propia de la Actuación Popular Nacional. Esto es notorio dado que, incluso cuando se lo considerara técnica y estéticamente deficiente, el actor popular poseía una rica experiencia profesional para transmitir. No obstante, la eliminación de su referencia (excepto en tanto polo negativo) señala que aun los conocimientos adquiridos en su ejercicio del oficio se consideraban perniciosos para el actor en ciernes, al punto que se trataba de mantenerlo alejado de aquéllos. De hecho, se consideraba en estos espacios que el actor debía componer su personaje a partir de la observación y de las indicaciones del autor y del director, evitando imitar servilmente a sus colegas, en clara oposición a la forma de adquisición del oficio actoral en el seno de las compañías.

Esta desvalorización, que expresó y contribuyó a perpetuar un confuso y rígido entramado de cuestiones éticas, estéticas, ideológicas y políticas, y condujo a la eliminación de la metodología de la actuación popular nacional de la formación actoral, lo que con el tiempo redundó en una auténtica pérdida de patrimonio cultural intangible común.

Se reforzó así una singular configuración del hecho escénico en nuestro medio, según la cual el componente ético, identificado con una función social, educativa o política directa del teatro en el público, prevalece por sobre los componentes estéticos, cuya opacidad es percibida como una superficialidad que actúa en detrimento del enunciado y que es, por lo tanto, gratuita o prescindible.

Sin embargo, esta preponderancia de la dimensión ética del espectáculo, largamente reclamada por la intelectualidad, sólo sería reafirmada por el teatro independiente, surgido en 1930 con la fundación del Teatro

---

[94] Cunill Cabanellas se desempeñó como Director de la Comedia Nacional entre 1935 y 1941, Director del Teatro Municipal General San Martín, entre 1953 y 1955, y Director de la Escuela Nacional de Arte Dramático, entre 1957 y 1961.

del Pueblo. El teatro independiente planteó la concreción de un teatro culto de corte mensajista, desligado del afán comercial y con una función exclusivamente didáctico-política. Todos los componentes del hecho escénico, fundamentalmente el actor, debían subordinarse a estos objetivos, lo cual se evidencia en la organización interna del Teatro del Pueblo, que luego sería replicada en las agrupaciones independientes surgidas en todo el país. Dicha estructura constaba de un director personalista en el centro, alrededor del cual se disponían los anónimos actores. La condición del artista en el seno del Teatro del Pueblo era extremadamente precaria, dado que les estaba prohibido percibir dinero por su actuación y que no se consideraba necesaria su formación técnica. Metodológicamente, se utilizaba la Declamación, aunque sin contar con una formación especializada en la misma, con los consiguientes resultados.

Luego del derrocamiento del primer peronismo, el movimiento independiente y principalmente, el Teatro del Pueblo, perdió la función política opositora que lo había sostenido durante los años precedentes, precipitando también cambios en su ubicación en el campo teatral, que pasó a ser marginal, aunque no sucedió lo mismo con las formaciones independientes que aparecieron posteriormente. En efecto, en los años 50 surgió una segunda generación de grupos (como La Máscara, Nuevo Teatro, Fray Mocho, entre otros) que emprendió la renovación estética a partir de la formación de sus actores en metodologías de actuación realistas, como el "sistema" Stanislavski, que promovió a su vez, el surgimiento de una nueva dramaturgia denominada "realismo reflexivo".

La modalidad que adoptó la incorporación y posterior difusión del "sistema" Stanislavski fue singular: en 1958 un grupo de actores jóvenes que ingresó a la agrupación La Máscara decidió iniciar su experimentación con los libros del director ruso motivados por la admiración hacia los actores de cine norteamericano. Con este fin, buscaron infructuosamente a alguien que pudiera transmitirles el "sistema" Stanislavski, por lo que recurrieron a Heddy Crilla, una actriz de origen austríaco que lo experimentó a la par de ellos. Luego de un año de trabajo a puertas cerradas, el éxito de los espectáculos que estrenaron fue tal, que la metodología de actuación realista se difundió por todo el país, convirtiéndose en hegemónica hasta la última postdictadura argentina.

El prestigio y legitimidad de este modo de hacer teatro se extendió a todo el campo cultural promoviendo que los actores y directores surgidos en el teatro independiente se profesionalizaran y emigraran a otros circuitos teatrales, a los medios de comunicación (como la televisión y el cine), y ocuparan posiciones dirigentes en las instituciones oficiales de formación para la actuación, en los teatros oficiales e incluso en el gremio de actores. Pero además, muchas de estas figuras abrieron sus propias escuelas o talleres de carácter privado, que pasaron a suplantar a la agrupación independiente como ámbito privilegiado para la transmisión de la metodología de actuación realista.

El panorama en los años posteriores a la última dictadura cambió ostensiblemente. Surgió, sobre todo entre los actores jóvenes, una fuerte oposición al realismo y la consiguiente búsqueda de estéticas novedosas. De este modo, se desarrollaron o ingresaron al país metodologías específicas de actuación que comenzaron a enseñarse en nuevos ámbitos privados, entre las que podemos mencionar al Teatro de Estados o de Intensidades (creado por Alberto Ure y difundido en sus talleres, así como en el Sportivo Teatral fundado por Ricardo Bartís), la metodología francesa sistematizada por Jacques Lecoq (introducida a partir de los talleres dictados por Cristina Moreira y Raquel Socolowicz) e incluso una variante novedosa del propio realismo, el Método de las Acciones Físicas (introducido por Raúl Serrano a partir de la fundación de ETBA, Escuela de Teatro de Buenos Aires).

Consideramos que, por un lado, la formulación o incorporación de estas nuevas metodologías han correspondido a maestros y/o directores como resultado de experiencias individuales, generalmente realizadas o motivadas en el extranjero: Ure en los Estados Unidos, Moreira en Francia, Serrano en Rumania. De este modo, la dinamización del campo teatral en su conjunto no ha provenido de programas o políticas de formación de carácter público, sino de la expresa voluntad de los artistas de transmitir estos "viajes personales". No obstante, estas propuestas tuvieron eco entre los estudiantes debido a que los mismos se hallaban ávidos de las novedades estéticas y metodológicas que el campo de la formación oficial y del teatro consagrado que, volcado al realismo, no les brindaba.

Por otra parte, si bien se mantenía la estructura del taller privado, los jóvenes que iniciaron su formación en los últimos años de la dictadura, en los años de la transición democrática, e incluso en los primeros 90, comenzaron a evidenciar un cambio notorio en su vínculo con estos espacios: si antes la adscripción a una metodología de actuación implicaba la adhesión a una forma de hacer teatro y la adopción de una posición ética, por lo que los cambios o los tránsitos de una metodología a otra eran inusuales, los nuevos alumnos comenzaron a privilegiar el eclecticismo en su formación. En este sentido, el pasaje por la mayor cantidad

Artes y producción de conocimiento

de metodologías posibles, aun contradictorias e incluso de manera yuxtapuesta, comenzó a percibirse como la única vía para adquirir ductilidad, para experimentar e incluso para conformar, a partir de las diversas influencias, un modo de trabajo personal, que con el tiempo, comenzaron a transmitir en sus propias clases.

Por último, cabe destacar que por estos años varias escuelas de actuación comenzaron a propugnar que la mejor forma de aprender era producir, por lo que el alumno fue perdiendo paulatinamente su categoría excluyente de tal, actuando en puestas en escena que terminaron generando y alimentando profusamente un circuito denominado *off* o alternativo (en contraposición a los circuitos oficial y comercial, pero también al teatro independiente que lo precedió). El circuito alternativo posee sus propias salas, agentes de prensa, equipos técnicos, etc., y ha sido considerablemente dinamizado a partir de la política de subsidios llevada adelante por el Instituto Nacional de Teatro (INT) y PROTEATRO. Esto ha producido un borramiento de las fronteras entre alumno y profesional, promoviendo un gran número de actores nuevos, prolongando la condición de asistente crónico a talleres y aumentando a su vez la cantidad de actores que no consiguen otra inserción profesional más que la enseñanza. De este modo, se registra un aumento en la heterogeneidad de la composición etaria y del grado de compromiso de los alumnos (Godgel Carballo), al punto que estudiar actuación llegó a convertirse en una actividad terapéutica, de esparcimiento o como un fin en sí mismo.

Hacia una formación (universitaria) para la actuación

Hacia finales de la década del 90 se produjo un nuevo cambio significativo en el panorama de la formación para la actuación (y para las artes en general) en la Ciudad de Buenos Aires. En 1996 se crea el Instituto Universitario Nacional del Arte (a partir de 2014, Universidad Nacional de las Artes), mediante la reunión de los antiguos Conservatorios y Escuelas Superiores existentes en la Ciudad: Conservatorio Nacional Superior de Música "Carlos López Buchardo", Escuela Nacional de Bellas Artes "Prilidiano Pueyrredón", Escuela Superior de Bellas Artes de la Nación "Ernesto de la Cárcova", Instituto Nacional Superior de Cerámica, Instituto Nacional Superior de Danzas, Instituto Nacional Superior de Folklore y Escuela Nacional de Arte Dramático "Antonio Cunill Cabanellas". Estos espacios pasaron a conformar Departamentos de la nueva institución universitaria, a los que se les sumó la creación del Departamento de Artes Audiovisuales y de las Áreas Transdepartamentales de Formación Docente y Artes Multimediales. Si bien existían en el país universidades que contaban con estudios de actuación (como la Universidad Nacional de Tucumán y la Universidad Nacional de Cuyo), la creación de la UNA constituyó un hito en la jerarquización de la educación artística, al ser la primera universidad del país íntegramente dedicada a la enseñanza superior de diversas disciplinas artísticas, mediante carreras de grado y posgrado, y actividades de investigación, extensión y producción artística.

El programa para la Licenciatura en Actuación se conformó casi exclusivamente de cara al desempeño teatral (casi sin referencias al cine, la radio, el doblaje, la publicidad y/o a la televisión, así como tampoco a la instancia de selección o *casting*) y retomando el imaginario construido durante la década anterior. A una formación mayormente planteada a partir de la metodología de actuación realista de base stanislavskiana se le sumaron entonces diferentes propuestas prescriptivas, muchas veces contradictorias, asociadas a géneros y poéticas diversos, con la idea de que la diversidad metodológica es suficiente por sí misma para garantizar la constitución del alumno como actor. De este modo, se incorporó una nueva generación de docentes jóvenes que, si bien podían tener una formación oficial como base, habían adquirido estos rudimentos metodológicos en el ámbito privado, tránsito que habían combinado en su formación.

A esta diversidad estética, se le sumó la incorporación de asignaturas históricas y teóricas obligatorias, que incrementaron notablemente la carga horaria y que abonaron preponderantemente en el paradigma de la semiótica estructural. De este modo, estos programas privilegiaron la concepción de la actuación como productora de signos y priorizaron el énfasis en la preparación previa de la puesta en escena, exacerbando lo que Michel De Certeau identifica como una lógica de acción estratégica[95] y reforzando, de este modo, la dependencia de la actuación de las instancias autoral y directorial. Esto se produjo en detrimento de la concepción de la actuación como acción en el aquí y ahora del encuentro con el espectador,

---

[95] Michel De Certeau define a la lógica de acción estratégica como el "cálculo de relaciones de fuerzas que se vuelve posible a partir del momento en que un sujeto de voluntad y de poder es susceptible de aislarse de un <<ambiente>>" (XLIX). Así, la estrategia circunscribe un lugar propio, a través de un orden según el cual los elementos presentes se distribuyen en relaciones de coexistencia, excluyendo la posibilidad de que dos cosas se encuentren en el mismo sitio. Esto provee una estructura estable que hace posible una posición de retirada, de distancia y previsión, que se da a sí misma un proyecto global y totalizador. Consideramos que en el caso del teatro, el texto dramático y la dirección escénica constituyen por antonomasia el lugar de la estrategia. (Para profundizar, ver Mauro Ver Mauro 2014, 2011 y 2010).

es decir, como acontecimiento, desvalorizando así la lógica de acción táctica[96] inherente a la actuación como una de las "artes del hacer" y, por consiguiente, restándole importancia a la situación de actuación[97] como esencia del arte actoral.

Sin duda, este recorrido de la formación para la actuación en la Ciudad de Buenos Aires, desde el aprendizaje del oficio en el seno de compañías teatrales hasta la incorporación de la enseñanza de la actuación en el ámbito universitario, da cuenta del paulatino acercamiento del ámbito educativo al ejercicio de las artes, lo cual implicó la percepción, por parte de un campo cultural eminentemente logocéntrico, de que de este modo la práctica artística resultaba jerarquizada. Esto redundó también en la necesaria transformación de los saberes inherentes a las artes, que debieron encarar una justificación de sus fundamentos de carácter racional y articulado de modo discursivo. Sin embargo, la incorporación de las artes en el esquema de la universidad se presenta aún como la síntesis no acabada de saberes prácticos en simple anexión a teorías provenientes mayoritariamente del ámbito de la lingüística estructural y la historia del arte tradicional.

Si bien en el contexto actual es necesario reafirmar que la dimensión histórica de toda práctica contribuye al enriquecimiento de la misma, se torna necesario el desarrollo de una historiografía propia de la actuación y su inclusión en la currícula en pos de complementar o sustituir a las asignaturas que se imparten actualmente y que refieren sólo a la historia del arte o del teatro (en los que prevalece un enfoque que prioriza los textos dramáticos y las puestas en escena). Incorporar una historia del teatro construida desde y hacia la actuación (para lo cual sería necesario previamente que los investigadores de la disciplina se abocaran a su elaboración), subsanaría los hiatos y contradicciones que se presentan entre lo que propone la historiografía teatral tradicional y el conocimiento que se

---

[96] A diferencia de la estrategia, la táctica se define como la lógica de acción de un agente que, imposibilitado de aislarse o establecer un lugar de distancia, no puede circunscribir un lugar propio, por lo que no tiene más lugar que el del otro. De este modo, depende enteramente de las circunstancias en que "el instante preciso de una intervención transforma [una situación] en situación favorable" (De Certeau 45). La táctica es movimiento, por lo que no puede existir en una posición de retirada, distancia o previsión. (Para profundizar en la lógica de acción táctica como característica inherente a la actuación, ver Mauro 2014, 2011 y 2010).

[97] Denominamos "situación de actuación" al contexto espacio temporal en el que un sujeto se posiciona como actor merced a la mirada de otro sujeto, que constituye el único sostén que legitima su desempeño. De este modo, las acciones ejecutadas en escena, que no necesariamente son distintas a las de la vida cotidiana, hallan justificación y fundamento en el hecho de ser realizadas sin otra razón que la de ser contempladas. (Para profundizar, ver Mauro 2010 y 2014)

produce en las disciplinas de formación práctica, como consecuencia de una historia elaborada estrictamente desde la posición de la dramaturgia y de la dirección, ignorando por completo la perspectiva estrictamente diferente de la actuación respecto del fenómeno teatral.

Por su parte, el paradigma de la semiótica estructural que ha colonizado el análisis de las artes, tanto de tipo académico como crítico, aún no ha desarrollado teóricamente los principios en los que se fundamenta esta intromisión. Proveniente del mundo de las letras, la imposición de este paradigma parece ser simplemente el resultado del pasaje de docentes e investigadores de dicho ámbito al estudio de las artes, trayendo consigo las herramientas conceptuales con las que contaban. Al implementarlo en el estudio del arte, este paradigma redujo la tarea del investigador a un análisis de tipo semiótico y hermenéutico de las obras, evidenciando un gran silencio respecto de las prácticas artísticas, que por su propia condición escapan a este modelo explicativo y, en definitiva, sumieron a las artes en una condición heterónoma. Si esto se registra en disciplinas artísticas como las artes visuales y las letras, que cuentan con mayor legitimidad y producen obras tangibles y/o que pueden conservarse, el panorama en el arte actoral, cuyo carácter acontecimental y efímero ha contribuido a su marginalidad y desvalorización social, es mucho más desfavorable.

Consideramos, por tanto, que el próximo desafío radica en la elaboración de herramientas conceptuales específicas que permitan diseñar programas de formación para la actuación y para la dirección de actores fundamentados teóricamente y capaces de diferenciar el trabajo formativo de aquel inherente a la preparación de un espectáculo, esto es, distinguiendo claramente el trabajo del profesor del de director y la categoría de alumno de la de actor profesional. Para ello es necesario detectar la dimensión técnica en las metodologías específicas utilizadas para la formación y para la producción de espectáculos. Con dimensión técnica nos referimos a los aspectos vinculados al posicionamiento del sujeto como actor frente a la mirada del otro, es decir, a los procedimientos que se ponen en práctica durante la formación o el ejercicio de la actuación, con el objeto de que el sujeto asuma su identidad como actor con el fin de proponer y sostener la situación de actuación. Estas herramientas difieren de aquellas que hacen a la dimensión metodológica, esto es, a las que transmiten el conjunto de procedimientos concretos para lograr una actuación según un tipo de poética o estética histórica (tales como la Actuación Popular, el "sistema" Stanislavski, el "Método" Strasberg, el "Método de las Acciones Físicas", el Teatro de Intensidades, la Escuela Francesa, etc.).

Artes y producción de conocimiento

Dado que ambas dimensiones coexisten en las diversas metodologías específicas de actuación, no siendo posible aislar los aspectos técnicos de los metodológicos para poder así transmitirlos o ponerlos en práctica de manera autónoma, será necesario elaborar herramientas conceptuales para detectar las metodologías que posean una dimensión técnica fuerte con el fin de ubicarlas al inicio de la formación (como podrían ser el Método de las Acciones Físicas, la Escuela Francesa o la Actuación Popular). Y ubicar en etapas más avanzadas de la formación a aquellas metodologías específicas que posean una dimensión técnica débil, en tanto requieren para su transmisión de un sujeto cuya identidad como actor ya se encuentre relativamente afianzada, debido a que su trabajo consiste en desarrollar procedimientos metodológicos de cara a producir actuaciones vinculadas con poéticas de carácter experimental (como aquellas vinculadas al Nuevo Teatro norteamericano y europeo o al Teatro Posdramático) o aquellas que basan su trabajo en el juego con la desestabilización de la posición del actor (como el Teatro de Intensidades). Consideramos que esa elaboración de carácter conceptual constituye el desafío para una investigación que plantee como su objetivo específico la planificación de la formación para la actuación en el ámbito universitario, pero también en el privado formal e informal.

Bibliografía

De Certeau, Michel. *La invención de lo cotidiano I. Artes de hacer.* México DF, Universidad Iberoamericana / Instituto Tecnológico de Estudios Superiores de Occidente, 2007.

Godgel Carballo, Víctor. "La enseñanza de la actuación en Buenos Aires". Pellettieri O. (Dir.), *Teatro argentino y crisis (2001-2003).* Buenos Aires, Eudeba, 2004, pp. 253-279.

Mansilla, Camila. "El actor isabelino: la construcción de un oficio y un lenguaje". AAVV, *Historia del Actor. De la escena clásica al presente.* Buenos Aires, Colihue, 2008, pp. 101-116.

Mauro, Karina. "Elementos para un análisis teórico de la actuación. Los conceptos de Yo Actor, Técnica de Actuación y Metodología Específica". *Telóndefondo.org. Revista de Teoría y Crítica Teatral*, no 19, 2014, pp.137-156.

---. "La Actuación Popular en el Teatro Occidental". *Pitágoras 500, Revista de Estudos Teatrais*, no. 5, 2013, pp. 15-31.

---. "Alcances y límites de una perspectiva canónica: La Actuación entre las nociones de <<representación>> y de <<interpretación>>". Larios Ruiz, Shaday et al. *Escenarios post-catástrofe. 1º Premio de Ensayo Teatral.* México, Artezblai, 2011.

---. "Problemas y limitaciones de la Acción Actoral entendida como representación". *Revista Afuera, Estudios de Crítica Cultural*, vol. V, no IX, 2010.

Pellettieri, Osvaldo (Dir.). *Historia del teatro argentino en Buenos Aires, Tomo IV, La segunda modernidad (1949-1976).* Buenos Aires, Galerna, 2003.

---. *Historia del teatro argentino en Buenos Aires, Tomo II, La emancipación cultural (1884-1930).* Buenos Aires, Galerna, 2002.

---. *Historia del teatro argentino en Buenos Aires, Tomo V, El teatro actual.* Buenos Aires, Galerna, 2001a.

---. *De Totó a Sandrini. Del cómico italiano al "actor nacional" argentino.* Buenos Aires, Galerna, 2001b.

Rancière, Jacques. *El espectador emancipado.* Buenos Aires, Manantial, 2010.

Sobre los autores

Syntia Alves (Centro Universitário: Belas Artes de São Paulo)
São Paulo, Brasil. Doctorado, Maestría y Licenciatura en Ciencias Sociales por la Universidad Católica Pontificia de São Paulo. Es profesora en la Universidad Metropolitana de Santos (Unimes) y participa como investigadora y fotógrafa en Neamp (Núcleo de Estudios en Arte, Medios y Política) de la Universidad PUC, e investigadora del programa de posgrado en Ciencias Humanas y Sociales de la UFABC en la que realizó una estancia posdoctoral. Trabaja en el área académica y en artes visuales. Es autora de diversos artículos publicados en periódicos en Brasil y otros países, así como capítulos de libros.

Rubens de Souza (Universidade Metropolitana de Santos)
São Paulo, Brasil. Licenciado em Artes Visuais e mestrado em Educação. Iniciou sua carreira como docente em 1988 e ocupou diversas funções em colegiados, docência e coordenação e pesquisa. Com vivências na educação presencial e a distância. É artista plástico e explora as técnicas da aquarela.

Levi Leonido Fernandes da Silva (Universidade de Trás-os Montes e Alto Douro -Vila Real, CITAR – UCP)
Vila Real, Portugal. Universidade de Trás-os Montes e Alto Douro - Vila Real, CITAR – UCP, Portugal. Investigador do Centro de Investigação em Ciências e Tecnologia das Artes – Universidade Católica Portuguesa. Bacharel em Professores do Ensino Básico; Licenciado em Educação Musical; Pós-graduado em Música, Texto e Representação; Mestre em Educação; Doutor em Educação – Expressões Artísticas; Pós-doutorado em Sociologia das Artes; Pós-doutorado em Estudos Teatrais. Diretor da European Review of Artistic Studies (Revista Europeia de Estudos Artísticos); Membro da Missão Cultura da Universidade de Trás-os-Montes e Alto Douro (UTAD); Vice-presidente do Conselho Pedagógico da Escola das Ciências Humanas e Sociais (ECHS); Vice-presidente da Comissão Permanente do Conselho Pedagógico da ECHS; Membro da Assembleia de Escola da ECHS; Diretor do Doutoramento em Ciências da Educação.

Elsa Maria Gabriel Morgado (Centro de Estudos Filosóficos e Humanísticos, CEFH)

Braga, Portugal. Centro de Estudos Filosóficos e Humanísticos, CEFH – Braga, Portugal. Investigadora do Centro de Estudos Filosóficos e Humanísticos – Universidade Católica Portuguesa – Braga.

Gustavo Geirola (Whittier College)

Los Ángeles, California, EEUU. Es Hazel Cooper Jordan Chair in Arts and Humanities; además, es director e investigador teatral, Profesor en el Departamento de Lenguas Modernas y Literaturas de Whittier College, Los Ángeles, California. Obtuvo su Profesorado en Letras en la Universidad de Buenos Aires y su doctorado en Arizona State University. Ha enseñado en la Universidad de Salta, Sede Regional Orán, en la Escuela de Teatro de la Facultad de Artes de la Universidad de Tucumán; en The Catholic University of America, en Washington D.C. y en Arizona State University. Autor de *Teatralidad y experiencia política en América Latina* (Irvine: Gestos, 2000). Es co-editor con Lola Proaño de los tres volúmenes de la *Antología de teatro latinoamericano 1950-2007*, publicada en 2010 por el Instituto Nacional de Teatro de Argentina y de *¡Todo a pulmón! Entrevistas a diez teatristas argentinos* en 2016. Ha publicado seis volúmenes de *Arte y oficio del director teatral en América Latina* con entrevistas a directores de las Américas. Asimismo, numerosos ensayos y artículos de su autoría sobre literatura, teatro, cine, televisión y cultura popular –abordados desde perspectivas diversas como el psicoanálisis, la teoría *queer*, los estudios subalternos, etc.- han sido publicados en libros y prestigiosas revistas académicas en los EEUU, Europa y América Latina. Finalmente, ha organizado múltiples congresos y dictado conferencias, talleres y semina-rios en Europa, América Latina, EEUU y China.

Mário Aníbal Gonçalves Rego Cardoso (Escola Superior de Educação, Instituto Politécnico de Bragança)

Bragança, Portugal. Escola Superior de Educação, Instituto Politécnico de Bragança, Bragança, Portugal. Doutorado em Ciências da Educação pela Universidade de Trás-os-Montes e Alto Douro; Mestre em Pedagogia do Instrumento na área da Guitarra Clássica; Licenciado em Professores do Ensino Básico, Variante em Educação Musical.

Marcela Inzunza Díaz (Universidad de Valparaíso)

Valparaíso, Chile. Psicóloga y Licenciada en Psicología por la Universidad La República, Santiago de Chile, en 1995. Postitulada de Terapeuta Familiar Sistémica por el Instituto Chileno de Terapia Familiar en 2001. Diplomada en Responsabilidad Social, Universidad de Valpa-raíso - Universidad de Concepción, 2004 - 2006. Diplomada Ejecutiva en Gestión para la Calidad, por el Centro de Formación Técnica de la Universidad de Valparaíso, 2009 - 2010. Magíster en Educación, Mención Evaluación Educativa por la Pontificia Universidad Católica de Valparaíso en 2016. Diplomada en Teatro Aplicado por la Pontificia Universidad Católica de Chile en 2017.

Maria Beatriz Licursi Conceiçao (Universidade Federal no Rio de Janeiro)

Rio de Janeiro, Brasil. Universidade Federal no Rio de Janeiro. Professora Adjunta de Percepção Musical e Coordenadora dos Projetos de Extensão "Música Feliz", possui graduação em Bacharelado em Música pela UFRJ, Mestrado em Música pela UFRJ e Pós-Graduação Especialização em Neurociências na vertente Aprendizagem pela UFRJ. Doutorado em Ciências da Educação na Universidade de Trás-os-Montes e Alto-Douro.

Susana Martelli (Universidad de Buenos Aires, UNA)

Buenos Aires, Argentina. Magister en Educación: Pedagogías Críticas y Políticas Socioeducativas, Facultad de Filosofía y Letras, UBA. Diploma Superior en Ciencias Sociales, FLACSO. Licenciada en Artes Visuales. Diploma de Profesora Nacional de Artes, Escuela Nacional de Bellas Artes "Prilidiano Pueyrredón" y UNA. Diploma Superior y Seminarios para Graduados, FLACSO. Cursos dictados en el Nivel Terciario y cursos para graduados. Premios en educación artística: Prefectura de Jacareí, San Pablo, Brasil (1998 y 1999). Asistencia y dictado de numerosos talleres en instituciones de Argentina, Brasil y México. Actual docente en la Especialización Pedagogías para la Igualdad en Contextos Socio-educativos Diversos, Posgrado Facultad de Filosofía y Letras, UBA.

Karina Mauro (CONICET – Universidad de Buenos Aires / UNA)

Buenos Aires, Argentina. Doctora en Historia y Teoría de las Artes por la UBA. Investigadora del CONICET. Se especializa en Estudios sobre la Actuación. Dirige el Proyecto "Condiciones laborales en las Artes y la Cultura", continuación del proyecto "Los trabajadores del espectáculo en Buenos Aires: la especificidad laboral como condicionamiento de su situación social, cultural y gremial (1902-1955)" (UBACyT). Es miembro del Grupo Responsable del Proyecto "Dialécticas de incidencia entre las artes escénicas y la trama política (1976-2017)" (PICT). Es Profesora del Seminario Teoría de la Actuación (UBA y UNA), de Historia Sociocultural del Arte I y II (UNA) y de Psicología del Arte (UBA). Organizó el I Coloquio del Actor Popular. Se ha desempeñado como crítica en Teatro XXI y Alternativateatral. Actriz y cantante, se ha formado con Ricardo Bartís, Raúl Serrano, Marcelo Savignone, Augusto Fernández y Pepe Bove.

Gunnary Prado Coronado (Universidad Michoacana de San Nicolás de Hidalgo - Universidad Autónoma Metropolitana Unidad Iztapalapa)

Morelia, México. Egresada de Doctorado en Humanidades, con especialidad en Teoría Literaria, por la Universidad Autónoma Metropolitana Unidad Iztapalapa. Maestra en Filosofía de la Cultura por la Facultad de Filosofía "Samuel Ramos Magaña" y Licenciada en Teatro por la Facultad Popular de Bellas Artes de la Universidad Michoacana. Además, tiene estudios de especialización en dirección escénica y gestión cultural. Se ha desempeñado como actriz y directora de teatro en más de 40 puestas en escena desde el año 1998 a la fecha. Actualmente, se desempeña como profesora de asignatura en la licenciatura de teatro de la UMSNH. Directora de teatro en el grupo Espacio Vacío Teatro (http://www.espaciovacioteatro.com/). Colabora de manera periódica en portales de divulgación cultural, como La Mazorka (https://lamazorka.com) y Sinestesia Escénica (https://sinestesiaescenica.wordpress.com/).

Jorge Luis Yangali Vargas (Universidad Nacional del Centro del Perú)

Huancayo, Perú. Docente investigador. Egresado de la Facultad de Pedagogía y Humanidades de la Universidad Nacional del Centro del

Karina Mauro

Perú. Maestría en Literatura Hispanoamericana por la Pontificia Universidad Católica del Perú. Doctor en Letras Modernas por la Universidad Iberoamericana, Ciudad de México. Becario de la Secretaría de Relaciones Exteriores de México entre el 2011 y el 2014. Premio Internacional de Ensayo Teatral 2012. Actualmente es director de la revista *Horizonte de la Ciencia*. Autor de libros en coautoría con Patricia Orihuela Tomás (*Nuestra Dramaturgia*, 2006) y con José Ramón Alcántara (*Re/presentación de la violencia en el teatro latinoamericano contemporáneo, ¿Ética y/o estética?*, 2016). Sus artículos fueron publicados en *Latin American Theatre Review, Conjunto, Espinela, Revista Escrita, Lejana, Ensaio* y *Kañina;* entre otras.

Otras publicaciones de Argus-*a*:

Jorge Poveda
La parergonalidad en el teatro.
Deconstrucción del arte de la escena como coeficiente de sus múltiples encuadramientos

Alicia Montes y María Cristina Ares (compiladoras)
Política y estética de los cuerpos.
Distribución de lo sensible en la literatura y las artes visuales

Gustavo Geirola
El espacio regional del mundo de Hugo Foguet

Domingo Adame y Nicolás Núñez
Transteatro: Entre, a través y más allá del Teatro

Yaima Redonet Sánchez
Un día en el solar, expresión de la cubanidad de Alberto Alonso

Gustavo Geirola
Dramaturgia de frontera/Dramaturgias del crimen.
A propósito de los teatristas del norte de México

Virgen Gutiérrez
Mujeres de entre mares. Entrevistas

Ileana Baeza Lope
Sara García: ícono cinematográfico nacional mexicano, abuela y lesbiana

Gustavo Geirola
Teatralidad y experiencia política en América Latina (1957-1977)

Domingo Adame
Más allá de la gesticulación. Ensayos sobre teatro y cultura en México

Alicia Montes y María Cristina Ares (compiladoras)
Cuerpos presentes. Figuraciones de la muerte, la enfermedad, la anomalía y el sacrificio.

Lola Proaño Gómez y Lorena Verzero / Compiladoras y editoras
Perspectivas políticas de la escena latinoamericana. Diálogos en tiempo presente

Gustavo Geirola
Praxis teatral. Saberes y enseñanza. Reflexiones a partir del teatro argentino reciente

Alicia Montes
De los cuerpos travestis a los cuerpos zombis. La carne como figura de la historia

Lola Proaño - Gustavo Geirola
¡Todo a Pulmón! Entrevistas a diez teatristas argentinos

Germán Pitta Bonilla
La nación y sus narrativas corporales. Fluctuaciones del cuerpo femenino en la novela sentimental uruguaya del siglo XIX (1880-1907)

Robert Simon
To A Nação, with Love: The Politics of Language through Angolan Poetry

Jorge Rosas Godoy
Poliexpresión o la des-integración de las formas en/desde La nueva novela *de Juan Luis Martínez*

María Elena Elmiger
DUELO: Íntimo. Privado. Público

María Fernández-Lamarque
Espacios posmodernos en la literature latinoamericana contemporánea: Distopías y heterotopíaa

Gabriela Abad
Escena y escenarios en la transferencia

Carlos María Alsina
De Stanislavski a Brecht: las acciones físicas. Teoría y práctica de procedimientos actorales de construcción teatral

Áqis Núcleo de Pesquisas Sobre Processos de Criação Artística
Florianópolis
Falas sobre o coletivo. Entrevistas sobre teatro de grupo

Áqis Núcleo de Pesquisas Sobre Processos de Criação Artística
Florianópolis
Teatro e experiências do real (Quatro Estudos)

Gustavo Geirola
El oriente deseado. Aproximación lacaniana a Rubén Darío.

Gustavo Geirola
Arte y oficio del director teatral en América Latina. Tomo I México - Perú

Gustavo Geirola
Arte y oficio del director teatral en América Latina. Tomo II. Argentina – Chile – Paragua – Uruguay

Gustavo Geirola
Arte y oficio del director teatral en América Latina. Tomo III Colombia y Venezuela

Gustavo Geirola
Arte y oficio del director teatral en América Latina. Tomo IV Bolivia - Brasil - Ecuador

Gustavo Geirola
Arte y oficio del director teatral en América Latina. Tomo V. Centroamérica – Estados Unidos

Gustavo Geirola
Arte y oficio del director teatral en América Latina. Tomo VI Cuba- Puerto Rico - República Dominicana

Gustavo Geirola
Ensayo teatral, actuación y puesta en escena. Notas introductorias sobre psicoanálisis y praxis teatral en Stanislavski

Argus-*a*
Artes y Humanidades / Arts and Humanities
Los Ángeles – Buenos Aires
2019

www.ingramcontent.com/pod-product-compliance
Lightning Source LLC
Chambersburg PA
CBHW020647220526
45464CB00001B/325